한글 궁체
- 숨겨진 역사를 찾아서

이 규 복 지음

이서원

차 례

머리말

1부 궁체란?

1. 한글 궁체
   - 궁체란? ·· 17
2. 언제부터 궁체라고 불렀을까? ································ 21
3. 궁체는 누가 만들었을까? ···································· 25
4. 현대 궁체와 고전 궁체 ······································ 30
5. 궁체의 획에도 이름이 있습니다. ······························ 35

2부 궁체의 종류와 변천

6. 궁체의 종류
   - 새로운 분류 체계 ·· 41
7. 연면흘림의 특징
   - 소설 필사에 특화된 서체 ································ 48
8. 진흘림은 언제 만들어졌을까? ································ 52
9. 현대 궁체와 고전 궁체의 차이 ································ 58
10. 고전 궁체 정자의 두 가지 모습 ····························· 63

11. 궁체 자형의 변천과 그 의미 ……………………………………… 73

3부 왕후의 편지를 대신 씁니다 - 서사상궁과 서기

12. 왕후의 편지를 대신 씁니다 ①
　　- 조선 후기의 서사상궁(書寫尙宮) ………………………… 83
13. 왕후의 편지를 대신 씁니다 ②
　　- 서기(書記), 그리고 서기상궁 최치정 …………………… 90
14. 제조상궁과 아릿고상궁(부제조상궁) ……………………… 105
15. 왕후의 편지 대필은 언제부터? ……………………………… 116
16. 조선 후기 지밀내인들의 서사 교육은 어떻게? ……………… 123
17. 지밀내인은 왜 그토록 궁체에 진심이었을까? ……………… 130

4부 고전 한글 소설과 궁체

18. 궁체의 보고(寶庫)
　　- 낙선재본 소설 ………………………………………… 137
19. 낙선재본 소설의 북 디자인
　　- 침자리가 뭐죠? ………………………………………… 143
20. 지밀내인들의 소설 필사와 서사계열의 형성 ……………… 156
21. 지밀내인들이라고 해서 모두 궁체를 잘 쓰는 것은 아닙니다
　　- 서사 능력의 차이 ……………………………………… 162
22. 궁체는 천편일률적이다? 천만에요!
　　- 다양한 자형과 획형 …………………………………… 166
23. 소설 필사 전담 내인?
　　- 무려 15종의 소설 필사에 참여한 서사계열 ………… 170
24. 동일 자형의 소설들
　　- 자형 분석의 중요성과 필사 시기의 추정 …………… 175
25. 민간에서 필사된 소설이 궁으로
　　- 세책본(feat. 궁체) …………………………………… 181
26. 궁과 민간의 공동 필사?

- 『명주옥연기합록』의 궁체 ················· 187

5부 알아두면 쓸모 있는 궁체 상식
　27. 궁체는 내인만 썼을까? ················· 193
　28. 사자관과 서사관의 궁체 ················· 199
　29. 돋을머리와 왼뽑음은 언제부터 생겼을까? ········ 209
　30. 꼭지 'ㅇ'에서 꼭지는 장식? ················ 212
　31. 궁체 정자에 흘림이 숨어있다?
　　　- 윗부리와 아랫부리 ················· 218
　32. 궁체 완성의 숨겨진 비결 ················ 222

에필로그(epilogue) ······················· 230
표: 〈조선 전기『조선왕조실록』에 나타난 왕후의 한글 사용 기사〉 ···· 236

주(註) ····························· 240

머리말

90년대 말쯤으로 기억합니다. 당시 궁체 공부를 위해서는 장서각의 방문이 필수였던 때였습니다. '철커덕', '철커덕' 장서각에서 마이크로필름을 한 장씩 넘겨가며 보던 그때의 기억이 아직도 생생합니다.

세상은 빠르게 변했습니다. 오늘날에는 인터넷에 접속만 할 수 있다면 장서각의 궁체 자료를 언제, 어디서든 시간과 장소에 구애받지 않고 편하게 볼 수 있습니다. 연구 환경이 이전과 비교할 수 없을 정도로 좋아진 것이죠. 그럼에도 불구하고 궁체 연구는 답답할 정도로 진척이 더딥니다. 제자리걸음을 하고 있는 것이 아닌가 생각될 정도입니다. 물론 개인적으로 모르고 있거나 궁금한 부분을 해결해 주는 연구가 없어서 그런 것일지도 모르겠습니다.

이 책에서는 궁체와 관련해 중요하다고 생각되는 사항들에 대해서는 되도록이면 빠짐없이 싣고자 노력을 기울였습니다. 이를 위해 여러 자료들, 그 중에서도 낙선재본 소설과 한글 의주·홀기, 그리고 한글 발기를 중점적으로 살펴봤으며, 이외에도 각종 고문헌과 왕실의 한글 편지 등을 대상으로 다양한 연구를 진행하였습니다. 그 결과 그동안 연구의 미비로 세상에 알려지지 않고 있었던 궁체에 대한 많은 새로운 사실들을 밝혀낼 수 있었으며, 더불어 베일에 쌓여있던 궁체에 대한 여러 궁금증을 해소할 수 있게 되었습니다.

책의 내용은 크게 다섯 개의 주제로 구성되어 있습니다. 첫 번째 주제에서는 궁체의 개념에서 부터 궁체의 탄생과 명칭의 유래, 그리고 고전 궁체와 현대 궁체의 구분 및 새롭게 만들어진 궁체 획의 이름에 대해 이야기 하고 있습니다.

두 번째 주제에서는 궁체의 종류와 시대별 변천에 대해 살펴보고, 궁체의 분류체계를 새롭게 정해야 되는 이유에 대해 알아보고 있습니다. 더불어 현대 궁체와 고전 궁체의 차이점은 물론 고전 궁체 정자에서 나타나고 있는 두 가지 형태에 대해서도 심도 있게 고찰하고 있습니다.

세 번째 주제부터 네 번째 주제까지는 궁체의 여러 사항들에 대해 보다 폭넓으면서도 깊이 있게 다루고자 했습니다. 궁체에 대한 전문적인 지식을 전달하고자 의도한 부분이기도 합니다. 주된 내용은 지밀내인들의 서사 활동에 관한 것입니다. 그 중에서도 왕후의 편지 대필과 소설 필사에 대해 상세하게 살펴보고 있으며, 아울러 지밀내인들이 궁체에 대해 어느 정도 진심이었는가에 대해서도 이야기하고 있습니다.

특히 지밀내인과 관련해 그동안 세상에 한 번도 알려지지 않았던 새로운 사실들을 공개하고 있는 부분들은 특별히 주목해 볼 만합니다. 서기와 제조상궁 관련 문헌들을 발굴해 소개하고 있을 뿐만 아니라 그동안 한글 서예계에서 근거 없이 추측만으로 서술하고 있었던 지밀내인에 의한 왕후의 편지 대필 시작 시기를 밝혀내는 등, 지밀내인의 궁체 서사와 관련해 다양한 부분에서 새롭게 알아낸 사실들을 각각의 세부 주제에 맞게 이야기하고 있기 때문입니다. 그리고 서기상궁 최치정을 본고에서 최초로 소개하고 있는 것 또한 빼놓을 수 없겠습니다.

마지막 주제인 '알아두면 쓸모 있는 궁체 상식'에서는 사자관과 서사관의 궁체와 상식으로 알아두면 좋을 궁체 관련 이야기를 하고 있습니다. 이 가운데 한글 궁체 연구에서 지금껏 한 번도 언급된 적 없었던 사자관의 궁체 문헌을 추적해 밝히고 있습니다. 이를 통해 당시 궁중의 관리들 역시 궁체를 상당히 많이 사용하고 있었다는 사실을 다시 한번 확인할 수 있었습니다.

이렇듯 궁체와 관련된 중요한 사안들을 각종 문헌 자료를 통해 다양한 각도에서 살펴봄으로써 궁체에 대한 이해를 돕고자 했습니다. 그리고 대중들에게는 생소하면서도 어려울 수 있는 내용들을 보다 편하게 접할 수 있도록 구어체로 최대한 쉽게 풀어 설명하고자 노력했습니다.

전문적인 한글 서예 연구자들을 위해서는 각주를 달아 출처를 알리고, 내용을 보충해 조금이나마 연구에 보탬이 되도록 하였습니다. 특히 궁체와 관련해 본고에서 처음으로 새롭게 밝히고 있는 내용들이 많다보니 각주의 문헌자료들이 많은 도움이 되리라 생각합니다.

아직도 궁체 연구는 많이 부족합니다. 확인되지 않은 사실들이 무분별하게 뒤섞여 연구에 혼란을 주고 있기도 하며, 틀에 박힌 고정관념이나 편견이 연구 발전에 걸림돌이 되기도 합니다. 또 세상이 바

뛰었음에도 예전 인식에 머물러 있거나 현실에 안주하고, 새로운 변화를 두려워하는 것처럼 보일 때도 있습니다. 이와 같은 현상에 대해 개인적으로는 큰 문제의식을 갖고 있습니다. 이 문제를 어떻게 해결하느냐에 따라 앞으로의 궁체 연구가 많이 좌우되리라 생각합니다. 본 책이 이런 우려를 조금이나마 해소하는데 도움이 되었으면 하는 바람입니다.

끝으로, 이 책은 궁체와 관련해 중요하다고 생각되는 사항들만을 선별해 실었습니다. 그렇기에 아직도 못 다한 이야기들이 너무나 많습니다. 여기서 싣지 못한 부분과 부족한 부분들은 다른 훌륭한 연구자분들이 채워주기를 희망해 봅니다.

이미지를 제공해 주신 국립중앙박물관, 국립한글박물관, 한국학중앙연구원 장서각, 일중선생기념사업회와 늘 조언과 도움을 주시는 고봉석 대표님께 진심으로 감사드립니다.

이 규 복

1부

궁체란?

1. 한글 궁체
- 궁체란?

　요즘처럼 유행하는 말과 행동이 급변하고 또 빠르게 소진되는 시대에 특이하게도 한글 궁체가 유행어처럼 번진 적이 있었습니다. '진지하다'는 표현을 "나 지금 궁체(궁서체)다."라고 한다거나, 내용을 진지하게 읽어달라는 표시로 컴퓨터 폰트인 궁서체를 활용하는 식이었습니다. 물론 궁서체로 작성된 글을 읽는 이 역시 글쓴이의 의도를 당연하게 받아들였던 것은 두말할 나위 없었습니다.

　이처럼 유쾌한 소통 방식은 한 때 MZ세대에서 꽤나 성행했던 것으로 기억합니다. 당시 궁체가 왜 진지함의 대명사로 통하게 되었는지는 알 수 없습니다. 다만 서예를 하는 입장에서는 반갑기도 하고, 또 내심 놀랍기도 했습니다. 왜냐하면 궁체 쓰기의 핵심 요지와 맞닿아 있었기 때문입니다.

　궁체를 쓰기 위해서는 상당한 집중력과 흐트러짐 없는 진중한 마음가짐이 필요합니다. 마음이 들뜨거나 정신이 산만한 상태에서는 궁체의 획을 제대로 표현해 낼 수 없습니다. 요즘 말로 텐션이 한 없이 업(up) 된 상태에서는 궁체의 세로획 하나 제대로 긋기 어렵다는 것입니다. 물론 MZ세대가 실제로 붓을 들고 궁체를 오랫동안 써서 그 핵심을 파악했다고는 생각하지 않습니다. 아마도 조선시대부터 현재까지 오랜 시간 전해져온 전통 서체라는 점, 그리고 궁체라는 낯섦이 오히려 그들의 이목을 사로잡았던 것이 아닐까 싶습니다. 그래도 재미삼아 또는 놀이처럼 '궁체'를 소비해 주었다는 사실에 진심으로 많은 고마움을 느낍니다. 그동안 궁체가 처한 현실이 녹록치 않았던 점을 생각하면 더욱 그렇습니다.

궁체는 한글 창제 이후 궁중을 중심으로 발전했습니다. 왕실은 물론 조정(朝廷)의 관리에서부터 궁녀에 이르기까지, 다양한 계층의 수많은 사람들이 궁체의 완성을 위해 오랜 시간동안 노력했습니다. 덕분에 궁체는 문자의 기록과 전달이라는 수단을 넘어 예술의 경지에 오르게 되었습니다.

하지만 우리가 궁체에 대해 아는 것은 극히 일부에 불과합니다. 아직도 궁체와 관련된 많은 부분들이 밝혀지지 않고 있으며, 여전히 미궁 속에 남아있습니다. 게다가 타 분야에서는 궁체의 개념조차도 불분명하다고 지적하고 있기도 합니다.[1] 궁체 연구의 미비 때문입니다.

그렇다면 과연 궁체란 어떤 서체를 말하는 걸까요? 도대체 어떤 특징을 갖고 있어야 궁체라 부를 수 있는 것인지, 이에 대한 해답부터 찾아봐야겠습니다.

오늘날의 궁체, 곧 현대 궁체는 자형과 획의 형태가 정형화의 단계를 뛰어넘어 완전히 고착화 되어 있습니다. 특히 궁체 정자는 자형과 획형의 변화를 용납하지 않습니다. 한글 서예가들에게는 반드시 따라야 할 일종의 법칙처럼 되어 있는 것이죠. 성문화(成文化)만 안 되어 있을 뿐입니다.

이렇게 고착화된 자형과 획형을 갖게 된 오늘날의 궁체는 때로는 예술적으로 비판의 대상이 되기도 하지만, 반대로 궁체를 설명하기에는 이보다 더 좋을 수 없을 만큼 명확한 특징을 갖추게 되었습니다.

명확한 특징이란 ①'ㅣ'모음을 축으로 정렬시키며, ②초성과 종성이 'ㅣ'모음에 종속되는 글자의 구조적인 형태, 그리고 ③궁체만의 독특한 획형을 말합니다.

먼저 'ㅣ'모음을 축으로 정렬시킨다는 말은 세로쓰기에서 모든 글자의 'ㅣ'모음을 같은 선상에 위치시킨다는 뜻입니다.[2] 궁체 작품들을 보면 세로획들이 한 줄로 정렬되듯이 줄 맞춰져 있는 것을 볼 수 있는데, 바로 이것을 말하는 것입니다.

그리고 초성과 종성이 'ㅣ'모음에 종속된다는 것은, 'ㅣ'모음이 글자의 축 역할을 수행하는데 있어 초성과 종성이 방해되지 않는 적절한 크기와 위치 값을 가져야 한다는 의미입니다. 예를 들어 초성이나 종성이 'ㅣ'모음에 비해 크기가 크거나, 'ㅣ' 모음과 멀리 떨어진 곳에 위치하게 되면 글자의 무게 중심이 이동하면서 'ㅣ'축 정렬이 훼손됩니다. 뿐만 아니라 공간의 부조화는 물론 공간이 일그러지는 현상도 발생합니다. 자형이나 글줄 모두 불안정한 상태가 되는 것이죠. 따라서 초성과 종성은 'ㅣ'축 정렬을 방해하지 않는 크기와 범위 내에 있어야만 하며, 이를 초성과 종성이 'ㅣ'모음에 종속된다고 표현하는 것입니다. 이러한 특징들은 궁체를 대표하는 조형 원리로 작동하며, 이를 '궁체의 조형 체계'라고 부르기도 합니다.

마지막으로 궁체의 독특한 획형이란 반달머리나 반달맺음, 왼뽑음 등을 말합니다. 반달머리는 '가, 갸, 거, 겨, 기, 구, 그'의 초성 'ㄱ'의 첫 획을 지칭하는 것으로 그 생김새가 반달처럼 생겨 반달머리라 하며, 반달맺음은 받침 'ㄴ, ㄹ'의 마지막 획으로 이 역시 반달의 모습을 하고 있어 붙인 이름입니다. 왼뽑음도 마찬가지로 'ㅣ'모음 획의 마지막 부분에서 붓끝을 왼쪽으로 모아 뽑아내는 획의 형태를 따라 만든 이름입니다. 특히 왼뽑음의 마무리에서 붓 한 터럭으로 가느다랗게 획을 뽑아 매조지하는 것은 궁체의 유려함을 배가시킵니다. 이와 같은 획들은 오직 궁체에서만 볼 수 있는 고유한 획이자 궁체 특유의 획입니다. 따라서 반달머리, 반달맺음, 왼뽑음 등의 특징적인 획들 역시 궁체 성립의 요건 가운데 하나라고 할 수 있습니다.

지금까지 살펴본 바를 토대로 "궁체란 무엇인가?"에 대한 질문에 답은 다음과 같이 이야기할 수 있겠습니다.

"궁체란 궁중에서 발달한 서체 중 하나로 'ㅣ'축을 중심으로 정렬되고, 초성과 종성이 'ㅣ'모음에 종속되는 조형체계를 갖추고 있으며, 궁체만이 가지고 있는 고유한 획형(대표적으로 반달머리, 반달맺음, 왼뽑음 등)을 사용하는 서체를 말한다."

2. 언제부터 궁체라고 불렀을까?

『이순록(二旬錄)』이라는 영조 때 좌포도대장을 역임한 구수훈(具樹勳,1685~1757)이 지은 책이 있습니다. 이 책의 내용 가운데 한글 궁체와 관련된 이야기가 있는데, 그 내용이 아주 흥미진진합니다. 주된 내용은 여장남자가 지체 높은 사대부가의 여인들과 동숙(同宿)을 하는 등 물의를 빚게 되자 이를 알게 된 장판서가 여장남자를 죽임으로써 사건을 조용히 처리했다는 이야기입니다.

그런데 이야기의 주인공인 여장남자에 대한 설명이 예사롭지 않습니다. "열 살부터 눈썹을 그리고 얼굴에 분칠을 했으며, 여인언서체(女人諺書體)를 배우고 익혔다. 패설을 잘 읽었고 목소리는 여인과 같았다."[3], "한 번 본 사람은 사랑하지 않을 수가 없었다."[4] 라고 하고 있어 여장 남자가 미모뿐만 아니라 언변이나 글씨 쓰는 솜씨 등이 상당히 뛰어났다는 사실을 짐작할 수 있습니다. 사대부가의 부녀자들이 한 눈에 반할 정도였다고 하니까요.

개인적으로는 여장남자가 어려서부터 익혔다는 '여인언서체'가 눈에 더 크게 들어옵니다. 아무래도 글씨를 쓰고 연구하는 입장이다 보니 그런 것 같습니다. '여인언서체'라는 단어를 유심히 들여다보면 한글을 뜻하는 '언서(諺書)'에 '여인'이라는 성별과 서체를 의미하는 '체'라는 말을 같이 붙여 사용하고 있습니다. 즉 일반적인 한글을 말하는 것이 아닌 고유한 특징을 갖는 서체를 지칭하는 단어인 것입니다.

조선시대에 한글을 지칭하는 단어로 언서(諺書)나 언문(諺文)이 주로 쓰였다는 사실은 널리 알려져 있습니다. 하지만 언서나 언문은 한글 그 자체를 지칭하는 것이지, 한글 '서체'를 지칭하는 것은 아닙니다. 『조선왕조실록』을 비롯해 궁중의 어떠한 문서에서도 한글 '서체'를 콕 집어 말한 기록을 찾을 수 없기에 『이순록』 속 '여인언서체'는 상당히 특별하다고 할 수 있습니다.

그러면 '여인언서체'는 과연 어떤 서체를 말하는 것인지 한번 살펴봐야겠습니다. 우선 여장남자가 상대한 사람들이 주로 사대부가의 지체 높은 여인들이라는 점이 눈길을 끕니다. 왜냐하면 현재 전하고 있는 민간 궁체 자료들 모두 사대부가의 여인들이 썼기 때문입니다. 이는 곧 사대부가의 여인들이 기본적으로 궁체를 습득하고 있었다는 의미이기도 합니다. 따라서 사대부가 여인들의 마음을 사로잡을 수 있는 글씨체는 궁체가 유일하다고 말할 수 있습니다. 여장남자가 '여인언서체'를 배우고 익혔다고 설명하고 있는 이유도 바로 이 때문이었을 겁니다. 만약 궁체가 아니었다면 굳이 '여인언서체'를 익혔다는 문장을 넣을 까닭이 없었겠죠.

결국 당시의 사회상이나 현전하는 문헌들을 고려해 봤을 때, '여인언서체'는 '궁체'를 의미한다고 할 수 있겠습니다. 궁체 외에는 도무지 다른 서체가 떠오르질 않습니다. 한편 『이순록』을 통해 1700년대 초중반까지 '궁체'라는 명칭이 사용되지 않고 있었다는 사실도 알 수 있습니다.

그렇다면 궁체라는 명칭이 사용된 시기는 언제부터 일까요?

'궁체'라는 단어가 최초로 등장하는 문헌은 정조 때의 문신이었던 이옥(李鈺, 1760-1812)의 시(詩)에서 입니다. 그의 시(詩) 중에서 "어려서부터 궁체(宮體)를 익혀 이응에 작은 뿔이 있지요. 시부모님 글씨 보고 기뻐하며 언문 여제학이라 하시네."5라는 내용의 시가 있습니다.

시의 내용에서 궁체 흘림의 꼭지 'ㅇ'의 형상을 구체적이고 사실적으로 묘사하고 있어 이 시의 첫 구에 등장하는 '궁체'가 오늘날 우리가 쓰고 있는 한글 '궁체'를 가리키는 것임을 알 수 있습니다.

또 어려서부터 궁체를 익혔다거나, '언문 여제학'이라는 직접적인 시구를 사용하고 있어 당시 양반층의 아녀자들이 일찍부터 한글과 궁체를 함께 익히고 있었다는 사실도 확인할 수 있습니다. 특히 이 시기 민간에서 궁체 흘림으로 작성된 문헌 가운데 『풍양조씨자기록(豊壤趙氏自記錄)』(1792)을 보면 정확한 꼭지 'ㅇ'을 사용하고 있어 이옥의 시가 허투루 지어진 것이 아님을 뒷받침 합니다.

구수훈의 『이순록』이나 이옥의 시 모두 영·정조 때에 지어진 것입니다. 이로 볼 때 영·정조 시대에는 궁중뿐만 아니라 민간에서도 궁체가 널리 회자되고 또 사용되고 있었다는 사실을 알 수 있습니다. 아울러 궁체가 영·정조 시대 훨씬 이전부터 궁중에서 민간으로 전파되었다는 추정도 가능합니다.

다만 기록에 의거해 볼 때 1700년대 중반까지는 궁체가 『이순록』에 나오는 '여인언서체'처럼 여러 이름으로 불리고 있었을 가능성이 높아 보이며, 1700년대 중반 이후에 이르러서야 본격적으로 궁체라는 이름이 민간에서 널리 사용되었다고 할 수 있겠습니다.

3. 궁체는 누가 만들었을까?

궁체 이론을 공부하고 있다고 이야기하면 "아! 그 궁녀가 만든 서체요?"라고 반응하는 경우가 많습니다. 궁체는 궁녀가 만든 것이 아니라고 하면 의아하다는 표정을 지으며 "그럼 궁체는 누가 만들었나요?"라며 재차 질문을 던집니다. 이 때는 그냥 "궁중에서 사용되며 발전한 서체입니다."라고 짧게 답하며 웃고 마는데요. 사실 이 질문에는 많은 문제가 있습니다.

하나의 서체가 완성되기까지는 수많은 사람들의 노력과 오랜 시간이 필요합니다. 완성된 서체가 어느 순간에 하늘에서 툭하고 떨어지는 일은 결코 일어나지 않습니다. 한 사람이 다니고, 두 사람이 다니고, 다시 여러 사람이 다니면 그것이 곧 길이 되듯이 궁체도 마찬가지인 것입니다.

그럼에도 불구하고 오늘날 한글 서예계를 살펴보면 궁체의 형성 주체를 놓고 의견이 첨예하게 갈리고 있는 것을 볼 수 있습니다. '궁체는 궁녀들이 주로 사용하면서 만들어 졌기 때문에 궁체라고 한다.'

는 견해와 '궁중에서 만들어졌기 때문에 궁체라고 부른다.'는 견해가 서로 팽팽히 맞서고 있는 것입니다. 인터넷 사전이나 백과사전도 별반 다르지 않습니다.

현재 한글 서예계의 주류를 형성하고 있는 쪽에서는 궁녀가 궁체의 형성과 발전을 이루어냈다고 보는 인식이 매우 강합니다. 오늘날 궁체의 본보기로 여겨지는 글씨들 모두가 궁녀들이 쓴 글씨일 뿐만 아니라, 지금까지의 궁체 연구가 대부분 궁녀들의 글씨 위주로 되어 있었기 때문으로 생각됩니다. 게다가 요즘 일각에서는 궁체 'ㅣ' 모음의 형태가 궁녀들이 고개를 숙이고 있는 형상에서 착안해 만들어졌을 것이라는 다소 엉뚱한 주장까지도 제기되고 있는 상황입니다.

개인적으로는 궁체의 형성 주체가 궁녀라는 주장에 동의하지 않습니다. 한글 창제 이후 궁중에서 쓰기 편리한 필사체로 변화, 발전하는 과정에서 궁체가 형성되었다는 견해가 더 합리적이라고 생각합니다. 그 이유는 서체와 자형의 변화 과정에 천착해 온 기존의 서예사 연구 방법과 일치할뿐더러, 『조선왕조실록』 등 궁중의 각종 문헌들에 나타나고 있는 기록과 현존하는 시대별 궁체 자료들이 이를 뒷받침하고 있기 때문입니다.

반면, 궁녀가 궁체의 형성 주체라는 견해에 등장하는 여러 주장들 중에는 그 근거가 상당히 미약하거나 부족한 사례가 많습니다. 심지어 근거가 없는 경우도 꽤 있습니다. 예를 들어 수많은 석·박사 학위논문이나 학술논문, 그리고 단행본 등에서 조선시대 전기(前期) 왕후6들의 수렴청정 시기에 내전에서 의지(懿旨) 등 많은 공문서를 서사상궁이 한글로 쓰게 되면서 궁체가 발전하게 되었다고 주장하고 있습니다.

그런데 『조선왕조실록』의 기록을 살펴보면 고개를 갸우뚱할 수밖에 없습니다. 수렴청정시기에 많은 공문서를 한글로 썼다는 주장과는 달리 실록에서는 그러한 기록을 거의 찾아볼 수 없기 때문입니다. 기존의 한글 서예 연구자들이 주장했던 바와 실록의 기록이 정면으로 배치되고 있는 것이죠.

실제로 국문학계와 역사학계의 논문에서도 조선 전기 3번의 수렴청정(정희, 문정, 인순왕후) 기간 동안 작성된 한글 공문은 단 1건에 불과하다는 점을 지적하고 있기도 합니다.7 이렇듯 인접학문에서조차 인정하지 않고 있는 주장을 한글 서예 연구자들만 홀로 사실처럼 여기고 정설로 떠받들고 있는 기현상을 보이고 있습니다. 그것도 최근까지 말이죠.8 참으로 이상한 일이 아닐 수 없습니다.

궁체 자형의 변천 과정을 살펴봐도 마찬가지입니다. 궁체 자형의 변천 과정을 시대별로 찬찬히 들여다보면 조선 전기부터 공식적으로 사용되고 있던 한글 서체, 즉 관료서체9의 영향이 궁체에 고스란히 반영되어 있는 것을 발견할 수 있습니다. 대표적으로 『홍무정운역훈』(1455)이나 『월인석보』(1459) 서두에 실려 있는 「훈민정음언해본」을 들 수 있습니다. 이들 문헌의 자형을 보면 돋을머리와 왼뽑음, 들머리와 맺음, 삐침, 점획 등에서 궁체와 똑같은 획의 형태가 이미 나타나고 있습니다. 정희왕후가 '수렴청정'을 하기 전인데도 말이죠.

　심지어 궁체의 완숙기인 영·정조 때까지도 궁녀들이 쓴 궁체에서 관료서체의 영향이 계속 이어져 오고 있는 것을 확인할 수 있습니다. 더군다나 궁체는 궁녀만 쓰던 서체가 아닙니다. 조정의 관리들 역시 궁체를 익히고 썼으며, 그 자료들 또한 많이 남아 있습니다.

　이와 같은 사실들은 궁체가 특정 집단이나 개인에 의해 만들어진 것이 아니라 궁중 안에서 오랜 기간 동안 다듬어지고 발전해 왔다는 것을 뜻합니다. 즉 왕실은 물론 조정의 관리들과 궁녀들 등 궁에 소속되어 있는 모든 사람들이 궁체의 발전에 기여하고 있었다고 할 수 있는 것입니다.

　결국 "궁체는 누가 만들었을까?"라는 우문(愚問)에 다음과 같이 답할 수 있겠습니다.

　"궁체는 한글 창제 이후 궁중에서 생성되어 오랜 시간에 걸쳐 만들어진 서체로, 어느 한 사람이나 특정 집단이 만든 것이 아닌, 왕실을 비롯한 관료와 궁녀 모두가 궁체의 형성과 발전에 기여했다."라고 말입니다.

서예사(書藝史)를 연구할 때 기본적으로 하는 연구 가운데 하나가 자형의 변천 과정을 추적하는 일입니다. 하나의 서체가 완성되기까지 어떠한 변화를 거쳐 오늘에 이르렀는지, 또 그 과정에서 다른 서체와의 교류나 영향관계가 있었는지를 판별해 서예사에 반영하는 것입니다. 이렇게 자형 변화의 발자취를 쫓다보면 자형의 원형은 물론 시대별 자형의 변화와 특징을 파악할 수 있게 됩니다.

그리고 현전하는 서체가 언제 어떻게 만들어 졌는지에 대한 언급이나 설명이 필요할 경우 연구자들은 단순히 전해져 오는 설(說)을 전달하는데 그칩니다. 왜냐하면 문자나 서체는 사회적 필요와 합의에 따라 오랜 시간에 걸쳐 형성된다는 사실을 연구자들 스스로가 너무나 잘 알고 있기 때문입니다. 더구나 누가 서체를 만들었는지는 아무도 모를뿐더러 이를 객관적으로 입증할 수도 없습니다. 자형의 변천 과정을 추적해 자형의 원형을 찾고자 하는 것도 바로 이러한 이유에서입니다.

그런데 한글은 누가, 언제, 어떻게 만들었는지 알 수 있는 세계 유일의 문자입니다. 이로 인해 독특한 특징을 보이는 서체가 있다면 그 배경, 특히 서체를 만든 사람이나 집단에 대해 유독 관심이 많은 것 같습니다. 궁체를 누가 만들었는지에 대한 궁금증 역시 이 연장선상에서 비롯되지 않았을까 생각됩니다.

서체는 시대와 사회적 필요에 따라 변화하고 진화해 나갑니다. 궁체 역시 오랜 시간에 걸쳐 변화와 진화를 거듭해 오늘에 이르렀다는 점을 잊지 않았으면 합니다.

4. 현대 궁체와 고전 궁체

궁체는 크게 현대 궁체와 고전 궁체로 구분 됩니다. 1900년 이전의 궁체를 '고전 궁체', 광복 이후의 궁체를 '현대 궁체'라고 합니다. 1900년에서 일제강점기까지는 고전 궁체에서 현대 궁체로 넘어가는 과도기라 할 수 있습니다.

현대 궁체는 한글의 암흑기인 일제강점기 때 명맥이 끊길 위기에 있었으나, 여러 선생님들의 힘겨운 노력에 의해 그 명맥이 유지될 수 있었습니다. 그 중에서 사후당(師侯堂) 윤백영(尹伯榮, 1888~1986), 갈물 이철경(李喆卿, 1914~1989), 꽃뜰 이미경(李美卿, 1918~2022), 일중(一中) 김충현(金忠顯, 1921~2006) 선생님 등은 고전 궁체에서 현대 궁체로 넘어오는 징검다리 역할뿐만 아니라 현대 궁체의 기틀을 세웠다는 평가를 받고 있는 분들로, 현대 궁체를 논함에 있어 빼놓을 수 없는 매우 중요한 분들입니다.

사후당여사는 순조의 셋째 딸 덕온공주의 손녀로, 궁체를 처음으로 작품화하여 현대 한글서예의 마중물 역할을 하신 분입니다. 갈물

선생님은 일제강점기 시절인 1933년에 『궁체 쓰는 법』이라는 책을 발간하였고, 광복 후 '갈물한글서회'라는 우리나라 최대의 여성 한글 서예 단체를 만들고 이끌어 꽃뜰선생님과 함께 한글 서예의 저변 확대에 크게 이바지했습니다. 일중선생님 역시 일제의 눈을 피해 1942년에 『우리 글씨 쓰는 법』을 저술하고, 1950년대 들어 훈민정음을 기초로 한 '고체'를 창안해 궁체뿐만 아니라 현대 한글 서체 발전에 큰 성과를 이루어 내었습니다.

광복이후 전란을 겪으면서도 꾸준히 발전해온 궁체는 60년대 후반에 큰 변화를 맞게 됩니다. 현대 궁체로의 정형화 과정이 진행되기 시작한 것입니다. 이 정형화 과정을 통해 자형과 획형이 일정한 틀을 갖추게 되었고, 현대적 미감에 맞는 궁체의 모습과 쓰는 법이 체계화되기 시작했습니다. 이후 70년대에 이르러서는 현대 궁체로서의 특징이 보다 선명해지고 명확해 졌습니다. 현대 궁체로서의 완성된 모습을 갖추게 된 것입니다.

현대 궁체는 80~90년대에 이르러 황금기라 불릴만한 시기를 맞이합니다. 이 시기는 경제와 사회가 급격하게 발전한 시기로 한글 서예 역시 이와 맞물려 대중들에게 널리 확산되었습니다. 특히 궁체는 여성층에서 많은 사랑을 받았는데 '갈물한글서회'가 큰 역할을 담당했음은 누구도 부인할 수 없습니다.

한편, 90년대는 서예계 일각에서 궁체에 대한 비판이 일기 시작한 시기이기도 합니다. 현대 궁체의 황금기가 무색하게 틀에 박힌 자형, 틀에 박힌 작품들이 지속적으로 나오면서 예술성에 대한 의문과 이

갈물 이철경 〈난초〉(1979) 궁체 흘림
개인소장

일중 김충현 〈경축사장〉(1981) 한글 고체와 궁체 정자, 흘림
일중선생기념사업회 소장

에 대한 비판이 일기 시작했던 것입니다. 궁체가 정형화를 넘어 고착화, 획일화되면서 다양성이 사라지고 일정한 틀 속에 갇히게 된 것이 비판에 직면하게 된 가장 큰 이유라고 하겠습니다.

이후 2000년대에 이르러 현대 궁체는 침체의 길을 들어서게 되었습니다. 한글 서예계에서 나름의 변화에 대한 실마리를 찾고자 하는 움직임이나 모색은 있었으나 그것이 성공으로 이어지지는 못한 것으로 보입니다. 아쉽게도 변화의 활로와 동력을 찾지 못한 현대 궁체는 침체의 길에서 헤어 나오지 못한 채 오늘에 이르고 있습니다.

『주역』에 '구즉궁(久則窮), 궁즉변(窮則變), 변즉통(變則通)'이라는 말이 있습니다. '오래되면 궁해지고, 궁해지면 변해야 하며, 변하면 통한다.'는 말입니다. 현대 궁체에 변화의 모습이 보이길 기대해 봅니다.

고전 궁체는 1900년 이전까지의 궁체를 말합니다. 편하게 조선시대 궁체를 말하는 것이라고 이해하면 쉽습니다.

고전 궁체는 시대별로 약간씩 다른 특징을 보입니다. 이를 간략히 설명하면, 먼저 1600년대는 궁체의 형식이나 체계가 형성되는 시기라고 할 수 있으며, 1700년대는 궁체의 형식과 체계가 완성되고 무르익는 시기로 궁체의 완숙기라고도 부릅니다.

1800년대는 고전 궁체의 황금기라 할 수 있습니다. 특히 순조~헌종대는 고전 궁체가 절정에 이르렀다고 할 수 있을 정도로 빼어난 자형을 선보이고 있습니다. 이 시기를 대표하는 궁체로는 『옥원중회연』(1830년대 추정 [10])과 『뎡미가례시일긔』(1847)를 꼽을 수 있습니다. 『옥원중회연』은 고전 궁체의 전범(典範)이자 입문서로 흠잡을 곳 없는 완벽에 가까운 자형을 보여주고 있습니다. 또한 『뎡미가례시일 긔』에 보이는 유려하고 수려한 자형은 타의 추종을 불허합니다. 문화관광부 선정 '100대 한글문화유산'의 하나에 포함될 정도로 궁체의 아름다움과 예술성을 잘 보여주고 있습니다. 오늘날의 궁체, 다시 말해 현대 궁체는 이 황금기의 자형을 바탕으로 하고 있습니다.

고전 궁체는 현대 궁체와 달리 획형이 고정되어 있지 않고 매우 다양합니다. 이 때문에 자형 역시 다양한 형태를 보이고 있습니다. 『옥원중회연』처럼 모범이 되는 획과 자형이 있는가 하면 무게감 있으면서도 힘찬 획과 자형을 보이는 궁체들도 있습니다.

또 점(點)의 형태가 쓴 사람에 따라 각양각색 달라지기도 합니다. 즉 일정한 틀 안에서 세부적으로는 다양성을 인정하고 있는 것으로, 필사자 개개인의 개성을 존중하고 있다고 볼 수 있겠습니다.

고전 궁체는 현대 궁체의 근본이자 바탕입니다. 현대 궁체를 이해하기 위해서는 고전 궁체를 반드시 알아야 합니다. 오늘날의 한글 서예가들이 고전 궁체를 배우는 이유도 여기에 있습니다.

그리고 엄격한 궁중 안에서도 각 개인의 개성을 관대하게 인정하고 있는 모습 역시 주목해 봐야겠습니다. 이러한 관대함은 현대 궁체는 물론 오늘의 서예계에 시사하는 바가 적지 않다고 생각합니다.

고전 궁체 중에는 아직까지 우리에게 알려지지 않은 숨겨진 명품 글씨들이 수두룩합니다. 다양한 자형과 운필법은 말할 것도 없습니다. 고전 궁체를 통해 현대 궁체의 변화와 발전의 동력을 얻기를 바라 마지않습니다.

5. 궁체의 획에도 이름이 있습니다

한자 서예 용어 가운데 영자팔법(永字八法)이란 것이 있습니다. 영(永)자를 이루고 있는 하나의 점과 일곱 가지 획의 명칭을 정해 놓은 것으로, 우리나라에 전해진 후 지금까지 오랜 기간 동안 변함없이 이 명칭을 사용해 오고 있습니다.

이와 달리 한글 궁체는 불과 몇 년 전까지도 점과 획의 각 부분을 지칭하는 고유한 명칭이 하나도 없었습니다. 궁체만이 가지고 있는 독특하고 고유한 형태의 획들이 있음에도 말이죠.

획의 명칭이 없다는 것은 궁체의 정체성은 물론 학술이나 교육에도 영향을 미칩니다. 예를 들어 궁체 획을 논하거나 교육을 진행할 때, 획의 명칭이 없다보니 어쩔 수 없이 장황하게 사족을 덧붙여만 설명이나 서술이 가능했습니다. 명칭이 있었다면 정확하고 간단명료하게 해결할 수 있었는데 말이죠. 게다가 서예계에서는 궁체의 획과 관련해 한자 서예 용어를 빌려 사용하거나, 아예 대입해서 쓰는 경우도 종종 있었습니다. 그러다보니 궁체가 마치 한자 서예의 한 계열에 속한 서체처럼 느껴지는 어이없는 상황이 발생하기도 합니다. 한글 궁체와 한자 서예가 엄연히 다른데도 고유한 명칭이 없다는 이유로 정체성에 문제가 생기는 것입니다.

이러한 현실이 안타까워 몇 년 전 궁체의 점과 획의 각 부 명칭을 고심 끝에 만들게 되었습니다.11 앞에서 궁체를 설명할 때 등장했던 반달머리, 반달맺음, 왼뽑음 등이 바로 새로 만들어진 궁체 획의 각부 명칭들 입니다.

궁체의 점과 획의 명칭을 정하고 나니 정보의 전달이나 설명 등에 있어 모든 것이 수월해 졌습니다. 우선 장황하게 늘어놓았던 설명이 더 이상 필요치 않게 되었고, 궁체의 획을 설명하는데 편리하고 쉬워 졌습니다. 받아들이는 분들도 직관적인 명칭 덕에 설명에 대한 이해가 빨라졌고 또 그 효과도 훨씬 좋았습니다.

그리고 무엇보다 중요한 점은, 우리 고유의 전통 한글 서체임에도 불구하고 정말 오랜 시간 동안 점과 획의 제대로 된 이름 하나 갖지 못하고 있었던 안타까운 현실을 탈피했다는 사실입니다. 그 자체만으로도 참 좋습니다.

〈 궁체 획의 각 부 명칭 〉

2부

궁체의 종류와 변천

6. 궁체의 종류
- 새로운 분류 체계

꽤 오래전부터입니다. 궁체에 대해 전반적인 설명을 해야 할 경우 제일 먼저 진흘림 일부를 칠판에 적어 놓은 후 수강생들에게 읽어보라고 합니다. 분명 자음도 있고, 모음도 있는 한글임에도 불구하고 읽을 수 없다는 현실이 믿기지 않는 듯, 수강생 대부분이 어리둥절해 하면서 고개를 가로젓거나 손사래를 칩니다. 진흘림도 처음 보는데 읽을 수까지 없으니 당황한 반응을 보이는 것은 당연합니다.

궁체에 정자와 흘림 외에 다른 서체가 있다는 것을 아는 사람은 그리 많지 않습니다. 이에 대한 관심도 없는 것 같습니다. 이 때문에 궁체의 진면목을 볼 기회가 점점 더 줄어들게 되는 것은 아닌지 걱정이 되기도 합니다.

궁체는 일반적으로 그 형태와 흘림의 정도에 따라 정자, 반흘림, 흘림, 진흘림으로 분류하고 있습니다. 정자는 말 그대로 한 획 한 획을 흘리지 않고 바르게 쓴 것을 말하며, 반흘림은 흘림으로 쓰되 초성이나 종성 둘 중의 하나를 정자로 쓰는 것을 이릅니다.

흘림은 초·중·종성 모두를 흘려 쓰는 것으로, 정자에 비해 붓이 움직이는 속도가 빠르고 활기찬 특징을 갖고 있습니다. 진흘림은 궁체 중에서 예술성이 가장 높다는 평가를 받고 있는 서체입니다. 흘림을 기반으로 하지만 획을 축약함으로써 특정 자형에서 변화가 나타나는 특징이 있습니다. 특히 획의 축약으로 인한 자형의 형태 변화는 따로 공부 하지 않으면 한글임에도 불구하고 읽을 수가 없을 정도입니다. 진흘림을 한자의 초서와 빗대는 이유가 여기에 있습니다.

이처럼 궁체를 정자, 반흘림, 흘림, 진흘림으로 분류하는 분류체계는 큰 이견 없이 오랜 시간 동안 이어져 왔습니다. 하지만 개인적으로는 현재의 분류체계가 온전하다고 보지 않습니다. 그 이유는 오늘날의 연구가 충실하게 반영되어 있지 않기 때문에 그렇습니다.

몇 년 전 수년에 걸쳐 장서각에 소장되어 있는 낙선재본 소설 가운데 500여권을 대상으로 서체 연구를 진행한 적이 있었습니다. 그런데 낙선재본 소설 서체 중에서 기존 궁체의 분류체계로는 도저히 분류도, 설명도 할 수 없는 서체가 하나 있었습니다. 분명히 흘려 썼음에도 기존의 흘림과 전혀 다르고, 또 글자를 이어 쓰고 있으나 그 이어 쓰는 방식이 흘림은 물론 진흘림과도 상당한 차이를 보이고 있었습니다. 기존의 흘림과 진흘림 어디에도 속하시 않는 득유한 서사법과 자형을 갖고 있었던 것입니다.

특히 낙선재본 소설 가운데 많은 소설들이 이 독특한 서체로 필사되어 있는 것을 볼 수 있었습니다.[12]

이는 다수의 필사자들이 이미 이 서체에 대한 서사법을 습득하고 있었고, 또 서사법을 서로 공유하고 있었다는 것을 의미합니다. 필사자들 사이에서 시사법을 공유한다는 의미는 이 서체가 교육을 통해 필사자들에게 학습되거나 전수되고 있었을 뿐만 아니라, 서사체계가 이미 완벽하게 확립되어 있었다는 뜻이기도 합니다. 그렇지 않다면 이렇게 정형화된 서체가 나올 수 없기 때문입니다.

이에 따라 기존의 서체와 동등한 위치에서 독립적인 분류가 반드시 필요한 서체라고 생각하였고, 고민에 고민을 거듭한 끝에 궁체의 분류체계를 다시 조정하고 새로운 서체에 맞는 명칭도 정하기로 하였습니다. 바로 '연면흘림'입니다.13

연면흘림을 포함한 궁체의 새로운 분류체계는 다음과 같습니다.

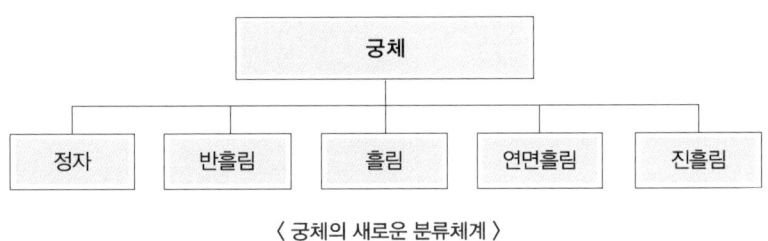

〈 궁체의 새로운 분류체계 〉

이렇게 분류체계를 새로 정하고 나니 궁체를 보다 정밀하게 분류할 수 있게 되었고, 더불어 궁체 연구에 실질적인 도움이 많이 되고 있습니다.

실제로 새로운 궁체 분류체계가 왜 필요한지 그 이유를 잘 보여주는 글 하나를 보도록 하겠습니다.

어느 정도까지를 정자체, 반흘림체, 진흘림체라고 규정하여야 할지를 비전공자로서는 알 길이 없다. 한글 서예계에서도 그 주장이 엇갈리고 있는 것으로 보인다.……중략……마찬가지로 획이 축약으로 변형되는 것이 흘림이라고 하고 마치 암호처럼 사용된 것이 '진흘림'이라고 하였는데, 명쾌한 구분은 아닌 것 같다. 다음의 '서기 이씨 글씨'를 궁체 진흘림이라고 하였는데, 다음에 보이는 '배덕전' 홍윤표 소장의 글씨는 정자체인가 흘림체인가 진흘림체인가를 결정하기 어려울 것이다.[14]

위 글을 보면 흘림과 진흘림의 설명이 뒤섞여있기도 하고, 비전공자로서 궁체의 구분과 분류에 대한 어려움은 물론 "정자체인가 흘림체인가 진흘림체인가를 결정하기 어려울 것이다."라고 하여 기존 궁체 분류체계로서는 소장하고 있는 소설의 서체를 분류하기 어렵다는 점을 에둘러 지적하고 있기도 합니다. 한글 서예계에 대한 애정이 가득한 글입니다.

그런데 『배덕전』의 글씨를 보는 순간 특유의 독특한 운필법과 자형들, 그리고 글자와 글자를 계속 이어 쓰고 있는 서사법이 바로 눈에 들어왔습니다. 바로 연면흘림의 특징입니다. 다만 흘림의 필세와 자형이 같이 사용되고 있어 전형적인 연면흘림과 약간의 차이를 보입니다. 쉽게 말해 연면흘림의 운필법과 흘림의 운필법을 같이 사용하고 있는 것이죠. 이에 따라 결정하기 어려울 것이라는 『배덕전』의 글씨는 연면흘림 또는 연면흘림의 특징을 강하게 내포하는 흘림으로 손쉽게 분류할 수 있습니다.

결국 위 글은 기존 궁체 분류체계의 문제와 한계를 깨닫게 해주는 동시에 현 시점에서 새로운 궁체 분류체계가 왜 필요하고, 또 얼마나 중요한지를 잘 알려주는 글이라 하겠습니다. 더불어 연면흘림의 중요성도 말이죠.

궁체 정자   궁체 반흘림

궁체 흘림   궁체 진흘림

궁체 연면흘림

정자:『옥원중회연』권6, 반흘림:『낙성비룡』, 흘림:『옥원중회연』권20, 연면흘림:『취승루』
장서각 소장

진흘림: 〈서기 이씨 봉서〉
국립한글박물관 소장

7. 연면흘림의 특징
- 소설 필사에 특화된 서체

 앞서 연면흘림에 대해 이야기 했지만, 그 내용만으로는 연면흘림의 면모를 파악하기가 쉽지 않습니다. 서예를 모르는 사람들은 물론 서예가들에게도 연면흘림이 워낙 생소하고 낯선데다가 그동안 제대로 소개된 적이 한 번도 없었기 때문입니다. 그래서 연면흘림의 서사법과 특징에 대해 약간의 보충 설명을 하고자 합니다.
 먼저 연면흘림의 가장 큰 특징은 글자와 글자를 계속 이어 쓰는 것입니다. 많게는 한 행 가운데 70~80%를 이어 쓴 경우도 볼 수 있습니다. 특히 'ㄹ'이 포함된 글자가 많을 경우 한 문장 전체가 마치 스프링을 길게 연결한 것처럼 보일 정도입니다.
 이렇게 많은 글자를 계속 이어 쓰기 위해서는 기존의 궁체 쓰기 방법으로는 불가능합니다. 따라서 기존과는 다른 서사법이 요구되는데, 연면흘림은 특화된 운필법과 조형방법을 통해 이를 해결하고 있습니다. 예를 들어 받침 'ㄹ'은 다음 글자로의 연결을 보다 빠르고 용이하게 하기 위해 'ㄹ'의 마지막 획을 반달맺음이 아닌 위쪽으로 볼록한 형태를 갖도록 설계하고 있습니다. 공간의 통일성을 유지하면서도 이어쓰기에 가장 적합한 형태로 만든 것이죠. 또 의도적으로 가로획과 삐침의 길이를 짧게 형성시켜 모든 글자의 폭을 거의 비슷하게 만드는 방법을 취하고 있습니다. 특히 삐침은 일반적인 궁체의 곡선형 삐침과 달리 직선처럼 빠르고 곧게 뽑아내는 동시에 그 길이를 축소함으로써 글자의 폭을 좁히는 효과를 내고 있습니다. 이러한 독특한 형태는 획과 획, 글자와 글자를 신속하게 연결하기 위해 의도적으로 계획했다고 생각할 수밖에 없습니다.

이밖에도 연면흘림에서만 보이는 독특한 획형들이 있는데, 이 역시 획이나 글자를 연결하기 위해 만들어진 특유의 운필법과 조형법 때문에 생겨난 것으로 볼 수 있습니다.[15] 결국 연면흘림은 '글자와 글자, 획과 획을 빠르게 연결하고 동시에 많은 글자들을 이어쓰기 위해 최적화시킨 서체'라고 할 수 있는 것입니다.

또한 낙선재본 소설들 가운데 세책본(貰冊本)으로 판명된 소설들 모두 연면흘림으로 필사되어 있어 민간에까지 연면흘림이 전파되어 사용되고 있었다는 사실을 알 수 있습니다.[16]

그리고 여기서 반드시 짚고 넘어가야 될 부분이 하나 있습니다. 바로 연면흘림의 사용처입니다. 연면흘림의 경우 소설을 제외하고는 아직까지 다른 문헌에서 사용되고 있는 예를 찾을 수 없습니다. 궁이나 민간 모두 소설을 필사하는 용도로만 사용하고 있는 것이죠.

이로 미루어 볼 때 연면흘림은 소설과 같이 많은 분량을 써야하는 곳에 특화된 서체, 곧 '소설 전용 서체'라고도 말할 수 있을 것 같습니다. 편지의 서사에만 사용되는 진흘림처럼 말이죠.

한편, 기존 궁체 분류체계에 있는 정자나 반흘림, 흘림, 진흘림 모두 궁에서 통용되던 서체들입니다. 진흘림은 편지 전용 서체로, 또 정자나 반흘림, 흘림은 발기와 같은 공문서나 소설의 필사 등에 사용되고 있습니다. 이렇게 보면 이들 서체 모두 '궁에서 공식적으로 인증한 서체'라고 말할 수 있습니다.

연면흘림 역시 궁에서 공식적으로 통용되고 있었던 서체입니다. 즉 공식 인증 서체라는 것입니다. 낙선재본 소설들이 이를 뒷받침 합니다. 만약 낙선재본 소설들의 주요 독자(讀者)인 왕실 구성원들이 연면흘림을 인정하지 않고 사용을 불허했다면, 소설 필사에 연면흘림은 결코 사용될 수 없었을 것이기 때문입니다.

따라서 기존의 궁체 분류체계에서 연면흘림을 독립적으로 분류하고, 분류체계를 새롭게 정립하는 것은 궁체를 보다 온전하고 풍성하게 만드는 일이라고 할 수 있겠습니다.

세책본 『양문충의록』
장서각 소장

8. 진흘림은 언제 만들어졌을까?

개인적으로 펜글씨를 상당히 못 씁니다. 두서없이 흘려 쓴 글씨는 다른 사람들이 읽어내지 못할 정도입니다. 저도 가끔 제 글씨를 못 알아 봐 화가 날 때가 있으니, 다른 사람들이 못 읽는 것은 어떻게 보면 당연합니다. 그래도 명색이 서예를 하는 사람인데 왜 글씨를 알아보지 못할까 곰곰이 생각해 봤습니다. 그리고 그 해답은 얼마 지나지 않아 풀렸습니다. 흘려 쓴 글씨에 일정한 법칙이나 규칙이 없었기 때문입니다.

궁체 진흘림은 조선 후기 왕후들의 편지에서 많이 사용되고 있는 것을 볼 수 있습니다. 편지를 제외하고는 아직까지 진흘림이 온전히 사용된 예를 찾아볼 수 없기에, 편지 쓰기에 특화된 서체라고 말할 수도 있습니다. 이 때문에 한글 서예계에서는 진흘림을 통상 '봉서(封書)' 또는 '봉서체'라고 지칭하고 있으며, 타 분야나 일각에서는 서한체(書翰體)나 서간체(書簡體)로 부르기도 합니다.

진흘림은 기본적으로 흘림을 토대로 하지만 운필법과 조형법에서 큰 차이를 보입니다. 우선 흘림보다 훨씬 더 빠른 붓의 움직임을 요합니다. 일반적으로 흘림의 속도가 시내 주행 속도라면 진흘림은 자동차 전용도로나 고속도로를 달리는 정도의 속도 차이라고 생각하면 됩니다.

또 획을 의도적으로 축약하면서 자형이 변화되기도 합니다. 대표적으로 초성 'ㅇ'과 받침 'ㅂ'을 들 수 있습니다. 초성 'ㅇ'은 둥그런 원형이 아닌 짧은 일자(一字)형, 즉 짧은 가로획으로 그 형태가 완전히 달라집니다. 'ㅎ'의 'ㅇ'도 마찬가지입니다. 받침 'ㅂ'은 획의 축약 때문에 얼핏 보면 받침 'ㄱ'의 형태와 비슷하다고 착각할 수도 있습니다. 하지만 자세히 보면 가로획의 기울기가 높고, 획의 마지막 부분에서 붓을 위로 한 바퀴 돌려 아래로 뽑아내고 있어 받침 'ㄱ'과 확연한 차이를 보입니다.

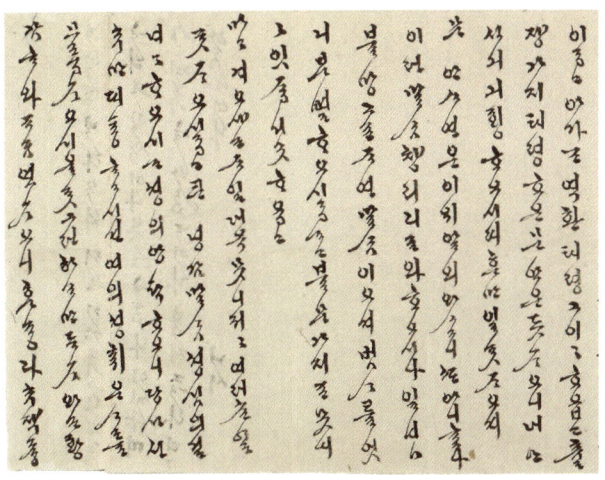

〈 서기 이씨 봉서 〉
국립한글박물관 소장

이와 같이 축약된 형태의 자형은 따로 배우지 않고서는 알 수가 없습니다. 특히 '보옵고', '시옵고', '이옵고', '시옵난고' 같이 축약된 'ㅇ, ㅂ'이 겹치는 경우 획형의 변화를 이미 알고 있는 상태에서도 읽기가 쉽지 않습니다. 마치 암호문을 풀 듯 한참을 들여다봐야 겨우 읽어낼 수 있을 정도니까요.

그렇다면 편지 전용 서체라 일컬어지는 진흘림은 언제 만들어진 걸까요?

우선 진흘림이 처음 보이는 문헌은 봉림대군(훗날 효종)의 한글 편지입니다.17 이 편지는 봉림대군이 심양에 볼모로 가던 1641년(인조19)에 장모인 안동 김씨에게 보낸 것으로, 자형을 자세히 살펴보면 '하옵', '보옵고' 등에서 'ㅇ'을 짧은 가로획으로 축약한 후 다음 획과 연결해서 쓰고 있습니다. 받침 'ㅂ' 역시 획이 축약된 형태로 흘려 쓰고 있는데, 후대의 진흘림 'ㅂ'(받침)의 형태가 어떻게 모양을 갖추게 되었는지 그 과정을 볼 수 있는 귀한 자료입니다.

1641년에 축약된 자형이 사용되고 있었다는 사실은 당시 한글을 사용하는 구성원들 사이에 서사법에 대한 약속과 묵시적 합의가 있었다는 것을 의미합니다. 만약 서사법에 대한 약속이나 규칙이 없었다면 진흘림 같은 서사법은 절대로 사용될 수 없었을 것입니다. 각 개인이 저마다 획을 생략하거나 축약해 함부로 흘려 쓸 경우, 가독성에 문제가 생기는 것은 물론 문자 생활에 혼란이 일어날 수 있기 때문입니다.

새로운 서사 규칙이 구성원들 사이에서 공감을 얻어 합의에 이르기까지는 오랜 시간을 필요로 합니다. 어느 한 순간에 일어날 수 있는 일이 아닙니다. 따라서 획을 축약하거나 변화를 주는 서사법은 봉림대군이 한글 편지를 보낸 시기 훨씬 이전부터 있었다고 보는 것이 합리적입니다.

개인적으로는 1623~1641년 사이에 획을 축약하는 진흘림의 서사법이 형성되었을 것으로 생각합니다.(1623년은 인조반정이 일어난 해이며, 1641년은 위에서 살펴봤듯이 봉림대군이 한글 편지를 보낸 해입니다.) 그 이유는 현전(現傳)하는 문헌을 토대로 자형을 분석해 본 결과 진흘림이 형성되었을 것으로 보이는 가장 이른 시기이자 유력한 시기에 해당하기에 그렇습니다.

인조반정 직후 인목왕후(1584~1632)가 쓴 편지를 보면 'ᄒ야', 'ᄒ샤' 등에서 'ㅎ'의 'ㅇ'을 직선으로 쓰고 있는 것을 볼 수 있습니다.[18]

그러니까 1623년에 이미 획을 축약하는 서사법이 사용되고 있었다는 것이죠. 다만 많은 글자들 가운데 'ㅎ'만 축약되어 있어 획의 축약이 그렇게까지 활발히 사용되고 있었던 상황은 아닌 것으로 보입니다. 획을 축약하는 서사법의 초기 단계로 보는 것이 타당할 듯싶습니다. 이후 봉림대군 편지에 나타나고 있는 자형을 보면 획이 축약된 형태나 사용 양상이 매우 자연스럽습니다. 이로 볼 때 1641년경에는 진흘림 서사법이 온전히 정착되어 있었을 가능성이 매우 높습니다.

따라서 1623년에서 1641년 사이에 획을 축약하는 서사법이 일정한 형식과 체계를 갖추었다고 할 수 있겠습니다.[19]

또 봉림대군 편지의 수신인이 안동 김씨인 것을 고려하면 이 서사법이 민간에까지 확산되어 있었다는 사실도 짐작할 수 있습니다.

이후로도 진흘림은 궁중에서 지속적으로 사용되며 발전해 나갔고, 종국엔 조선 후기 서사상궁(書寫尙宮)과 서기(書記)가 보여주는 특유의 예술성 높은 진흘림으로 그 대미를 장식하게 됩니다. 특히 서사상궁과 서기의 진흘림은 1800년대 한글 궁체의 황금기를 구축하고 이끌어 가는데 있어 한 축을 담당했을 정도로 큰 역할을 하였습니다.

오늘의 한글 서예가들에게 진흘림은 도전의 대상이자 정복해야할 대상입니다. 진흘림 특유의 빠르고 경쾌한 붓놀림과 거침없는 기세 속 유려한 자형, 그리고 붓을 다루는 능력이 절정에 이르러야만 나올 수 있는 부드러우면서도 강인한 선질 등 최고의 서사능력이 있어야만 진흘림을 쓸 수 있기 때문입니다. 물론 한번 빠지면 쉽게 헤어 나올 수 없는 진흘림 그 자체의 매력도 빼놓을 수 없습니다.

효종대왕 한글편지

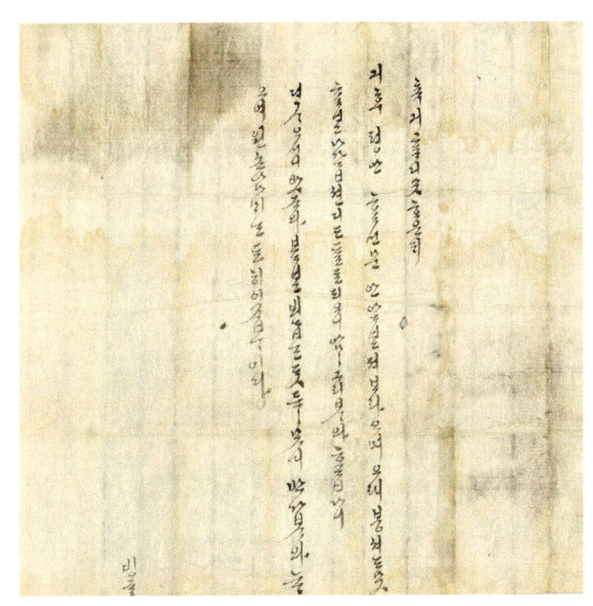
혜경궁 홍씨 한글편지(1752~1759추정)
국립중앙박물관 소장

9. 현대 궁체와 고전 궁체의 차이

　현대 궁체와 고전 궁체를 비교했을 때 가장 큰 차이점은 뭘까요? 바로 글자의 크기입니다. 글자의 크기가 현대에 이르러 적게는 네다섯 배, 많게는 열 배 이상 비약적으로 커졌습니다. 실제로 일중선생기념사업회 소장 『옥원중회연』의 글자(궁체 흘림) 크기를 측정해 보면 가장 작은 글자의 세로 길이는 0.5cm밖에 안되며, 가장 큰 글자도 세로 길이가 1.8cm를 넘지 않습니다. 가로 폭도 이와 거의 비슷합니다. 글자 크기가 손톱만한 것이죠.

　반면 오늘날의 궁체 작품들에서 보이는 글자 크기는 보통 10cm가 훌쩍 넘어갑니다. 거의 열배정도 차이가 난다고 보면 됩니다. 더군다나 공간은 제곱으로 늘어난다는 사실을 생각해보면 궁체의 크기가 얼마나 커졌는지 충분히 짐작할 수 있습니다. 실제 크기에 대한 감이 오지 않는다면 손톱만한 글자와 주먹만한 글자의 차이라고 생각하면 쉽습니다.

　글자 크기가 커진 것과 궁체의 변화가 무슨 상관이 있느냐라는 의

문을 제기할 수도 있겠습니다. 하지만 글자의 크기가 커진다는 사실은 단순히 글자 크기만 커지는 것이 아닌 글씨 쓰기 전반에 걸쳐 엄청난 변화가 필요하다는 것을 의미합니다. 예컨대 글자가 커지면 획도 커집니다. 획이 커지면 운필법(붓을 움직이는 법)도 달라집니다. 운필법이 달라지면 획의 형태에도 변화가 일어나게 됩니다. 이 모든 것은 필연적입니다. 대표적으로 현대 궁체의 가로획을 들 수 있습니다.

궁체의 가로획은 기본적으로 들머리와 보, 맺음으로 이루어져 있습니다. 그런데 현대에 이르면서 글자의 크기가 커짐에 따라 들머리의 크기 역시 예전에 비해 놀라울 정도로 커지게 되었습니다. 특히 보의 크기보다 들머리의 크기가 더 크게 변화한 탓에 들머리와 보의 크기가 서로 맞지 않는 부작용까지 발생하게 되었습니다.

이를 해결하기 위해 현대의 서예가들은 새로운 쓰기 방식을 취하게 됩니다. 일종의 커넥터(connector) 역할을 수행하는 '이음부'[20]를 적극적으로 활용하기 시작한 것이죠.

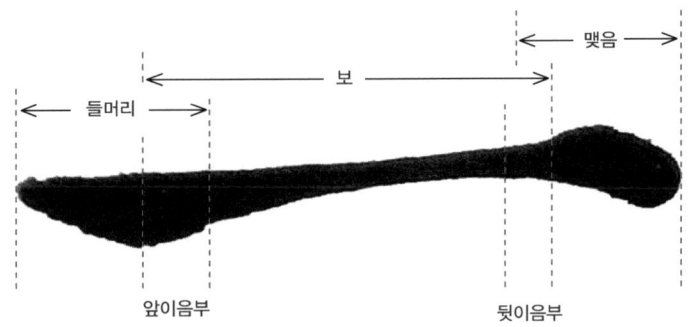

〈 현대 궁체 가로획 형태와 이음부 〉

즉 비약적으로 커진 들머리에 맞춰 이음부를 새로 추가하거나, 그 크기를 확대하는 방식으로 들머리와 보를 자연스럽게 연결시키고자 한 것입니다. 고전 궁체와 현대 궁체의 가로획 형태가 달라진 이유도 여기에 있다고 할 수 있겠습니다.

현대 궁체 가로획에 있어 이음부는 매우 중요한 위치를 차지하고 있습니다. 이음부 없이는 가로획을 완성시킬 수 없을 정도로 말이죠. 그 이유는 이음부가 들머리와 보를 연결해 주는 역할뿐만 아니라 붓을 가다듬고 붓의 방향을 바꿀 수 있는 시간적 여유와 물리적 공간을 제공해 주기 때문에 그렇습니다.

만약 이음부가 없었다면 오늘날의 유려한 가로획은커녕 커진 들머리와 맺음으로 인해 마치 만화에서 나오는 뼈다귀처럼 앞뒤가 툭 불거져 나온 보기 흉한 형태의 가로획을 만나게 되었을지도 모릅니다. 생각만 해도 아찔합니다.

가로획뿐만 아니라 세로획 왼뽑음에서도 현대 궁체와 고전 궁체의 차이를 볼 수 있습니다. 현대 궁체의 왼뽑음은 획의 마지막 부분에서 왼쪽 변을 기준으로 붓끝을 모은 후 붓을 뽑아 마무리합니다. 오늘날 완전히 고착화되어 있는 형태로 암묵적 법칙처럼 여겨지고 있습니다. 물론 세로획을 그어 내릴 때 여러 요인과 상황에 따라서 붓끝이 모아지는 위치가 조금씩 달라질 수는 있습니다만 이는 미세한 차이에 불과할 뿐입니다.

반면, 고전 궁체 왼뽑음은 마지막으로 붓이 모이는 곳의 위치가 제각각입니다. 이를 유형별로 살펴보면 ①현대 궁체 왼뽑음과 같이 획의 중심을 기준으로 왼쪽으로 붓끝이 모이는 형태, ②붓끝이 획의 가운데로 모이는 형태, ③현대 궁체 왼뽑음과 정반대인 오른쪽 변을 기준으로 붓끝이 모이는 형태, 이렇게 크게 세 유형으로 나눌 수 있습니다. 이와 같은 다양한 왼뽑음의 형태들은 1800년대 말까지 보편적으로 사용되고 있었습니다.

하지만 1900년대 들어서며 오늘날처럼 획의 중심을 기준으로 왼쪽으로 붓끝이 모아지는 형태가 주류를 이루게 되었고, 광복 이후 70년대에 이르러서는 아예 규범화되어 오늘에 이르고 있습니다. 이러한 70년대의 규범화는 현대 궁체로서의 정형화를 이루었다는데 큰 의의를 둘 수 있습니다. 그러나 다양성이 사라졌다는 점에서 다소 아쉬움이 남기도 합니다.

현대 궁체와 고전 궁체의 차이는 이외에도 많습니다. 대표적으로 'ㅇ'의 꼭지와 하늘점의 형태가 큰 차이를 보입니다. 특히 고전 궁체에서 나타나는 꼭지와 하늘점의 형태는 미처 생각지도 못한 기발한 형태를 보이는 경우도 많습니다.

가로획의 기울기도 마찬가지입니다. 현대 궁체에서는 상상도 못할 가로획이 우하향하는 모습까지도 볼 수 있습니다. 이렇게 현대 궁체와 고전 궁체의 차이를 하나하나 이야기하자면 한도 끝도 없을 정도입니다.

지금까지 설명한 내용 가운데 고전 궁체와 현대 궁체의 가로, 세로획의 차이점만 알아도 궁체에 대한 기본 상식으로는 충분하다고 생각합니다. 지금까지 어디서도 보거나 들을 수 없었던 이야기를 들려

드린 것이니까요. 만약 더 궁금한 점이 생기거나 한다면 그때는 궁체의 세계로 입문해 보는 것을 권해드립니다. 우리의 한글 쓰기 문화가 어떻게 발전해 왔고 또 그 특징이 무엇인지 더욱 명확히 알 수 있는 계기가 될 것이기 때문입니다.

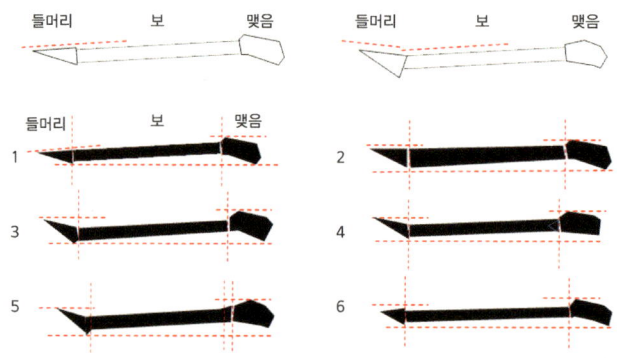

〈 고전 궁체 가로획과 들머리의 형태 〉
고전 궁체 가로획에서는 대부분 이음부가 없거나 있어도
그 크기나 역할이 매우 미미함을 볼 수 있다.

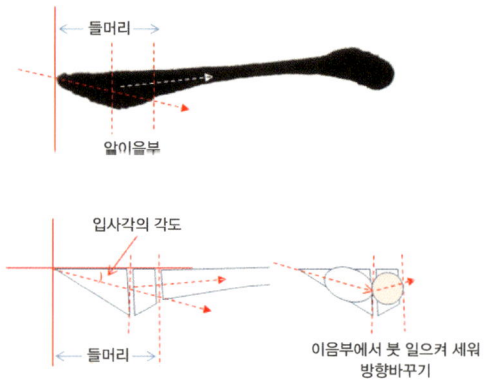

〈 현대 궁체 가로획 들머리와 이음부에서의 붓 움직임 〉

10. 고전 궁체 정자의 두 가지 모습

궁체를 연구하기 시작했을 무렵 심각한 고민에 빠트린 자형이 있었습니다. 분명히 궁체 정자처럼 보이지만, 궁체 정자라고 하기에는 받침의 구조와 형태가 사뭇 달랐기 때문입니다. 당시에는 이 형태의 자형을 어떻게 분류해야 할지 막막하기만 했었습니다. 그리고 많은 시간과 노력을 들인 후에야 비로소 깨달을 수 있었습니다. 이 자형이 바로 궁체 정자의 또 다른 형태라는 것을 말이죠.

고전 궁체 정자는 글자의 구조체계와 받침 'ㄴ'의 생김새에 따라 1800년을 기점으로 이전과 이후로 크게 두 가지 형태로 분류할 수 있습니다.[21] 1800년 이전의 정자는 받침 'ㄴ'이 반달맺음이 아닌 곧은 직선으로 되어 있습니다. 또 그 크기가 커 받침 'ㄴ'이 'ㅣ'모음에 종속되지 않는 경우가 많습니다.

이렇게 'ㅣ'모음에 종속되지 않는 받침 크기의 구조를 갖는 형태를 '음운체계에 따른 공간배분'이라고 하며, 이를 줄여서 '음운체계'를 따르고 있다고 표현하기도 합니다. '음운체계'는 한글 창제 초기 초·중·

종성의 공간을 거의 비슷한 크기로 배분한데서 나온 용어입니다. 예를 들어『훈민정음』이나『훈민정음 언해본』의 자형을 보면 종성의 크기가 중성과 거의 같은 크기로 크게 쓰여 있습니다. 이러한 자형구조를 가리켜 '음운체계에 따른 공간배분' 또는 '음운체계'를 따르고 있다고 말하는 것입니다.

이와 달리 1800년 이후의 정자는 받침 'ㄴ'이 반달맺음으로 되어 있고 음운체계를 따르고 있지 않습니다. 받침 'ㄴ'이 'ㅣ'모음에 종속되어 있는 것이죠. 이를 '조형체계에 따른 공간배분' 또는 줄여서 '조형체계'라고도 합니다. '음운체계'와 상대되는 말입니다. 이 '조형체계'는 초, 중, 종성의 크기와 공간을 적절하게 조절하여 글자에 알맞은 크기로 맞추는 것입니다. 오늘날의 궁체 구조라고 생각하면 쉽습니다.

이렇듯 고전 궁체 정자는 1800년을 기준으로 이전과 이후가 확연히 다른 모습을 보이는데, 지금부터는 현전(現傳)하는 궁중 문헌을 통해 이를 직접 확인해 보도록 하겠습니다.

먼저 1600년대의 궁체 정자로 작성된 문헌은 〈숙명공주언간(淑明公主諺簡)〉(1652~1659 추정)과 〈명성대비전유(明聖大妃傳諭)〉(1680)를 들 수 있습니다. 〈숙명공주언간〉은 숙명공주가 부왕인 효종에게 보낸 문안 편지로 받침 'ㄴ'의 마지막 획이 반달맺음이 아닌 직선으로 그 크기 역시 매우 크게 되어 있습니다. 음운체계를 따르고 있는 것이죠.

〈명성대비전유〉는 명성대비가 송시열에게 전하는 한글 편지입니다. 이 편지는 원본이 아니라 정밀한 모사본이라는 주장이 힘을 얻고 있습니다. 그렇지만 원본의 서사자는 궁녀일 가능성이 매우 높습니다. 당시 상궁들이 왕후의 편지를 대필하고 있었다는 사실을 생각해 보면 그렇습니다. 이 문헌 역시 받침 'ㄴ'의 마지막 획을 일직선으로 긋고 있으며 음운체계를 따르고 있습니다. 이외에도 인선왕후 편지들 가운데 조그맣게 '인선왕후어셔'라고 궁체 정자로 쓰여 있는데, 여기서도 위 문헌들과 똑같은 형태의 받침 'ㄴ'을 볼 수 있습니다.

1700년대의 궁체 정자 중에서 연대를 확인할 수 있는 궁중 문헌으로는 『무목왕정충록(武穆王貞忠錄)』(1700년 추정)에 첨부되어 있는 「영조치제문(英祖致祭文)」(1730년 이후)과 『어제경세문답언해(御製警世問答諺解)』(1762년 추정), 『어제경세문답속록언해(御製警世問答續錄諺解)』(1763년 추정), 『뎡니의궤(정리의궤整理儀軌)』(1795~1797)가 있습니다. 이들 문헌에 나타난 받침 'ㄴ'을 보면 마지막 획을 반달맺음이 아닌 일직선으로 그어 마무리하고 있으며, 받침 'ㄴ'의 크기도 매우 크게 쓰여 있습니다.

그리고 여기서 특별히 주목해봐야 할 문헌이 있습니다. 바로 『무목왕정충록』입니다. 낙선재본 소설인 『무목왕정충록』은 모두가 궁체 흘림으로만 필사되었다고 알고 있지만 그렇지 않습니다. 지금까지 단 한 번도 언급된 적 없는 서체가 하나 더 있습니다. 바로 궁체 정자입니다.

『무목왕정충록』 권7의 33면을 보면, 한시(漢詩)를 인용한 부분이 궁체 정자로 필사되어 있습니다. 자형을 보면 받침 'ㄴ'이 음운체계를 따르고 있으며, 마지막 획을 직선으로 긋고 있어 1600년대 중·후반의 문헌들에서 보이는 정자 자형의 형태와 구조적 특징이 동일함을 볼 수 있습니다. 이를 통해 〈명성대비전유〉(1680)와 「영조치제문」 (1730년 이후) 사이에 궁체 정자가 왕실 편지뿐만 아니라 소설에까지 그 사용 폭을 넓히고 있었다는 사실을 알 수 있습니다. 또한 1600년대 궁체 정자 자형이 어떻게 1700년대에도 계속 이어질 수 있었는지에 대해서도 어느 정도 유추가 가능하게 되었습니다. 시대를 이어주는 연결고리를 찾은 것이죠. 이로 볼 때 『무목왕정충록』은 궁체 정자 자형의 변천 과정을 밝히는데 있어 핵심적인 역할을 하는 매우 중요한 자료라 할 수 있겠습니다.

이후 1700년대 중반에 필사된 것으로 추정되는 낙선재본 소설 『북송연의』와 『손방연의』에서도 『무목왕정충록』의 정자와 같은 형태의 받침 'ㄴ'이 사용되고 있는 것을 볼 수 있습니다. 특히 1700년대 중반까지 이와 같은 자형이 계속해서 사용되고 있었다는 사실은 소설의 필사자들, 곧 궁녀들 사이에서 이 서사법이 전승되고 있었을 가능성이 높다는 뜻이기도 합니다. 앞으로 이 부분에 대해서는 연구가 필요해 보입니다.

지금까지 살펴본 바를 종합해 보면 1800년대 이전, 즉 1600~1700년대의 궁체 정자는 받침 'ㄴ'의 마지막 획을 반달맺음이 아닌 일직선으로 긋고 있으며, 받침 'ㄴ'의 크기를 매우 크게 형성시키는 특징을 보이고 있다고 할 수 있겠습니다.

이제부터는 1800년 이후 궁체 정자에 대해 살펴보도록 하겠습니다. 이 시기의 궁체 정자는 앞서 이야기한 것처럼 받침 'ㄴ'이 반달맺음으로 되어 있으며, 글자의 구조 또한 '조형체계'를 갖추고 있습니다.

『무목왕정충록』 본문 정자   『무목왕정충록』 속 〈영조치제문〉 정자

『북송연의』 정자   『어제경세문답속록언해』 정자

장서각 소장

1800년대를 대표하는 궁체 정자 문헌으로는 낙선재본 소설『옥원중회연』22 권6과『남계연담』을 꼽을 수 있습니다. 이 중에서『옥원중회연』은 고전 궁체에 입문할 때 가장 먼저 배우는 글씨로, 한글 서예계에서 고전 궁체의 전형(典型)이자 범본(範本)으로 여기고 있습니다. 그리고『옥원중회연』권6이 특별히 더 중요한 이유는 이전과 달리 조형체계를 사용하고 있으며, 받침 'ㄴ'이 모두 반달맺음으로 정형화되어 있기 때문입니다. 뿐만 아니라 상당수 자형들에서 현대 궁체 정자 자형과 동일한 형태를 볼 수 있어 '현대 궁체 정자의 토대'를 이루고 있다고 말할 수 있는 점도 그렇습니다.

『남계연담』은『옥원중회연』권6보다 한층 정제된 자형을 보이고 있어 시기적으로 나중에 필사된 것으로 보입니다. 반달맺음 역시 이전 보다 훨씬 더 정형화되고 안정화된 형태를 갖추고 있습니다. 이밖에『평산냉연』도 정자로 필사되어 있는데, 자형이나 획형으로 볼 때『옥원중회연』이나『남계연담』보다도 한참 뒤에 필사되었을 것으로 추정됩니다.

1901~1907년 사이에 필사된 것으로 추정되는『손천사영이록』의 정자는 고전 궁체에서 현대 궁체로 변화되는 과도기의 자형을 보여주고 있습니다.23 특히 받침 'ㄴ'의 경우 반달맺음은 물론 전반적인 형태까지 오늘날의 궁체와 매우 흡사한 것을 볼 수 있습니다.

지금까지 고전 궁체 정자가 두 가지의 형태의 자형을 보이고 있다는 것을 문헌을 통해 살펴봤습니다. 정리하면 궁체의 황금기 이전, 그러니까 1800년 이전까지는 받침 'ㄴ'의 형태가 반달맺음이 아닌 일

직선의 형태를 띠고 있었으며, 음운체계를 따르고 있어 그 크기 또한 상당히 크다는 사실을 알 수 있었습니다. 그리고 1800년 이후 궁체의 황금기에 이르러서는 궁체 정자의 받침 'ㄴ'의 형태가 반달맺음은 물론 조형체계로 완전히 정착된 것을 볼 수 있었습니다.

이렇듯 고전 궁체 정자가 두 가지 모습을 갖고 있다는 사실은 지금껏 한 번도 연구되거나 언급된 적 없는 이야기로, 이 책에서 처음으로 밝히는 것입니다.

특히 1800년 이전의 궁체 정자에 대해서는 연구된 바가 없습니다. 이 때문에 궁체 정자임에도 불구하고 그저 '한글 정자체' 정도로만 서술하고 있기도 합니다.[24] 이도저도 아닌 불분명한 서체로 인식하고 있는 것이죠. 궁체 연구의 미비가 불러온 결과입니다.

앞으로는 반달맺음이 나오지 않거나 조형체계를 따르지 않더라도 궁체의 특징을 명확히 갖추고 있다면 궁체 정자, 그 중에서도 1800년대 이전의 궁체 정자로 분류할 수 있어야겠습니다. 아울러 이에 대한 연구도 보다 심도 깊게 이루어지길 고대해 봅니다.

낙선재본 소설 「무목왕정충록」의 필사 시기는 1700년으로 추정됩니다. 이는 12권 말미에 있는 필사기(筆寫記)를 통해 알 수 있습니다. '상장집서탕월상한필서'이라는 기록이 남아있는 것이죠. '상장집서(上章執徐)'는 고갑자(古甲子)로 경진년(庚辰年)을 의미하는데, 경진년은 1880년, 1820년, 1760년, 1700년이 해당됩니다. 이 가운데 「무목왕정충록」의 흘림과 정자 자형의 특징으로 볼 때 1700년으로 추정하는 것이 가장 합리적입니다.

「무목왕정충록」의 자형(흘림, 정자)과 유사한 자형을 보이는 소설로는 본문에서 언급한 「북송연의」가 있습니다. 「북송연의」 역시 흘림과 정자로 필사되어 있는데, 흘림과 정자 모두에서 「무목왕정충록」 자형과의 유사성을 발견할 수 있습니다. 자형과 획형의 특징은 물론 자형의 구조체계까지 매우 비슷한 것이죠.

「북송연의」 정자에서 보이는 음운체계와 함께 받침 'ㄴ, ㄹ'의 마지막 획을 직선으로 긋는 형태적 특징을 보임에 따라 기본적으로 「북송연의」의 필사 시기가 1700년대라는 것을 짐작할 수 있습니다. 그리고 「무목왕정충록」보다 「북송연의」의 자형들이 한층 정제되어 있으며, 영빈방이 찍혀 있는 「손방연의」의 자형과도 매우 유사한 점이 많다는 사실로 미루어 볼 때, 「북송연의」의 필사 시기는 1700년대 중반에 이루어진 것으로 볼 수 있겠습니다.

「북송연의」 정자의 특이한 점을 한 가지 더 이야기하면 정자임에도 불구하고 글자를 연결하고 있다는 것입니다. 예를 들어 '거시니'의 경우 '시'와 '니'를 연결선으로 연결해 '니'의 형태가 흘림 자형의 형태를 보입니다. 또 '져'는 흘림, '균'은 반흘림, '왈'은 정자 자형으로 필사자는 이 세 가지 서체를 자연스럽게 혼합해 사용하고 있습니다. 정자에 흘림과 반흘림의 접목은 물론 세 가지 서체를 동시에 사용하고 있는 필사 형태는 아직까지 어디서도 본 적 없는 매우 특이한 서사 방식입니다. 이러한 새로운 서사 방식과 자형의 형태는 특별히 주목해 봐야하며, 이에 대한 연구 역시 시급하다고 하겠습니다.

한편 1700년대에 제작된 문헌들의 자형과 관련해 생각해 봐야 될 부분이 하나 있습니다. 바로 필사자의 문제입니다. 「무목왕정충록」과 「영조치제문」, 「북송연의」, 「손방연의」의 필사자는 궁녀로 추정되는 반면 「어제경세문답언해」, 「어제경세문답속록언해」은 조정의 관리, 그 중에서도 사자관과 서사관이 필사했을 가능성이 높습니다.[25] 이렇게 필사자의 신분이 전혀 다름에도 받침의 구조체계와 획형이 동일하다는 점에서 서로간의 영향 관계를 유추해 볼 수 있습니다. 이것은 궁체의 형성과 발전에 있어 중요한 문제로 그 의미가 매우 크다고 하겠습니다.

『옥원중회연』 정자 　　　　　『남계연담』 정자

『평산냉연』 정자 　　　　　『손천사영이록』 정자

장서각 소장

11. 궁체 자형의 변천과 그 의미

    궁체는 순조·헌종대에 이르러 궁체의 황금기라 불릴 정도로 모든 면에서 절정에 달하게 됩니다. 단순히 문자의 기록과 전달이라는 수단을 넘어 궁체가 예술의 경지에 오르게 된 것이죠. 그래서 이 시기의 궁체를 기준으로 삼아 시대의 역순으로 자형을 추적해가면 궁체의 자형과 획형이 어떠한 변화와 과정을 거쳐 완성되었는지 보다 쉽게 파악할 수 있습니다. 한글 궁체의 시초와 원형을 밝히는데 가장 효과적인 방법이라 할 수 있는 것이죠.
    그러면 지금부터 자형의 변천 과정을 역순으로 살펴 볼 텐데요. 설명하는 과정에서 처음 들어보는 각종 문헌들이 생각보다 많이 등장합니다. 특히 모두 한자 이름들이라 굉장히 낯설고 어려울 수 있습니다. 이 부분이 내심 염려되지만 또 한편으로는 알아두면 좋은 상식이 되기도 하니 이 기회에 기억해 놓는 것도 좋은 방법이 아닐까 생각합니다.
    먼저 '궁체의 황금기'인 1800년대를 대표하는 문헌은 『뎡미가례시일기』(1847)입니다. 궁체 흘림으로 서사된 『뎡미가례시일기』는 2002년 문화관광부가 선정한 '100대 한글문화유산'에 포함되었을 정도로 글씨가 아름답습니다. 유려한 획과 흠잡을 곳 없는 자형은 황금기 궁체의 전형을 보여주고 있습니다. 『뎡미가례시일기』가 궁체 흘림을 대표한다면, 궁체 정자를 대표하는 문헌으로는 앞서 살펴본 『옥원중회연』을 들 수 있습니다. 특히 『옥원중회연』 권6은 궁체 정자의 정수라고 평가받고 있기도 합니다.

　궁체의 황금기는 궁체가 절정에 이르렀다는 사실 외에도, 이 시기의 자형들이 현대 궁체의 토대가 되고 있다는 점에서 큰 의의가 있습니다.

　조선의 르네상스 시대라 일컬어지는 영·정조시기(1728~1800)는 궁체가 정형화된 때로, '궁체의 완숙기'라고도 부릅니다. 특히 1700년대 후반으로 갈수록 궁체가 정교하면서도 유려해지는 모습을 볼 수 있습니다. 대표적으로 『곤전어필』(1794), 『곽장양문록』(1773) 등이 있습니다.

　『곤전어필』(국립한글박물관 소장)은 효의왕후(정조의 비, 1753~1821)가 직접 필사했다는 기록이 남아있으며, 자형은 빼어난 흘림으로 궁체의 완숙기를 넘어 황금기로 가는 과정을 잘 보여주고 있습니다. 『곽장양문록』은 TV드라마로 상당히 인기를 끌었던 '옷소매 붉은 끝동'의 여주인공이었던 의빈 성씨가 필사에 참여한 한글 소설책입니다. 매우 정교하게 쓴 궁체 흘림으로 한 치의 흔들림 없이 써내려가고 있어 감탄을 자아냅니다.

그리고 서사관이 쓴 것으로 추정되는 『뎡니의궤(정리의궤整理儀軌)』 (1795~1797)도 있습니다. 이 『뎡니의궤』는 여러 명의 서사관이 필사를 담당하고 있어 필사자들에 따라서 다양한 서체(궁체 정자, 흘림, 반흘림)와 자형들을 볼 수 있습니다. 이를 통해 당시의 서사관들도 궁녀들 못지 않게 다양한 궁체를 쓸 수 있었다는 사실을 알 수 있습니다.

1750년대의 대표 문헌으로는 흘림인 『어제속자성편언해』(1759), 『천의소감언해』(1755)』 등이 있습니다. 특히 『천의소감언해』는 책의 서사를 맡은 서사관(書寫官)의 소속과 직책, 이름까지 기록되어 있는 현전(現傳) 유일의 문헌으로 한글 서예사에서 매우 중요한 문헌입니다. 게다가 『어제속자성편언해』와 『천의소감언해』의 자형이 서로 유사해 필사자가 동일인(同一人)일 가능성도 있습니다. 두 문헌에서 보이는 궁체 흘림은 자형이 약간 투박해 유려함이 돋보이는 궁녀들의 궁체 흘림과 차이를 보입니다. 이밖에 궁체 정자 문헌들이 현전하고 있으나 앞 장에서 이미 설명했으니 생략하도록 하겠습니다.

1700년대 초기 문헌으로는 낙선재본 소설 가운데 가장 이른 시기에 필사되었다고 추정되는 『무목왕정충록』(1700년 추정)을 들 수 있습니다. 『무목왕정충록』의 흘림 자형은 가로획의 각도가 오른쪽으로 많이 올라가 있으며 획의 속도가 매우 빠른 편입니다. 흘림 외에 『무목왕정충록』의 본문과 마지막 권에 첨부되어 있는 「영조치제문」의 정자 자형이 음운체계의 공간 배분을 따르고 있어 반달맺음을 사용하는 황금기의 정자와 그 형태와 구조가 다르다는 점은 몇 번을 강조해도 지나치지 않습니다. 그 만큼 궁체의 자형 변천은 물론 한글 서예사에서 중요한 사항이므로 반드시 기억해 두어야 합니다.

또한 비슷한 시기 민간 궁체 정자에서도 『무목왕정충록』 정자와 같이 받침 'ㄴ'의 마지막 획을 일직선으로 긋는 형태를 볼 수 있습니다. 〈광산김씨상언〉(1727)이 대표적입니다. 필사본뿐만 아니라 판본(板本)인 『불설대보부모은중경언해(佛說大報父母恩重經諺解)』(1796, 궁체 정자)에서도 같은 특징을 볼 수 있습니다.

1600년대는 왕과 왕후들의 한글 편지들을 통해 자형의 변화 과정을 추적해 볼 수 있습니다.26 왕의 편지는 효종과 현종, 숙종의 한글 편지가 전하고 있는데, 이 가운데 효종과 숙종의 편지를 대표적으로 꼽을 수 있습니다. 효종의 편지에서는 진흘림의 특징이 여전히 나타나고 있다는 점이 눈에 띕니다. 그리고 현전하는 숙종의 편지들 가운데 특히 1685년에 작성된 것으로 추정되는 편지를 보면 궁체 정자라고 해도 무방할 정도로 1800년 이전의 궁체 정자 자형과 매우 비슷합니다.27

이로 볼 때 궁체 정자의 형식과 체계는 1685년 이전에 이미 완성되어 있었다고 봐도 큰 무리는 없을 것 같습니다.

왕후들의 편지는 인목·장렬·인선·명성·인현왕후의 한글 편지가 전하고 있습니다. 이들 편지에서 보이는 자형의 변화는 궁체 흘림의 변천과정을 극명하게 보여주고 있다고 해도 과언이 아닙니다. 그 이유는 인목왕후의 편지(1623년 직후) 자형에서는 일정한 규칙이나 형식을 찾아볼 수 없는 반면, 장렬·인선·명성·인현왕후의 편지에서는 전에 볼 수 없었던 'ㅣ'축 정렬과 함께 자형이 정형화된 모습을 보이고 있기 때문입니다. 다시 말해 장렬왕후를 기점으로 궁체 흘림 서사법이 정형화, 형식화되기 시작했다고 볼 수 있는 것입니다.

또한 왕후들의 편지가 주로 1650~1680년대에 집중되어 있으므로, 정형화와 형식화는 적어도 1650년 이전, 그러니까 인조반정(1623) 이후부터 1650년 사이에 이루어졌다고 봐도 무방하겠습니다. 한편으로 왕후들의 자형에서 보이는 서사법의 특징들이 『무목왕정충록』(1700)의 흘림 자형에도 계속 나타나고 있는 것으로 볼 때, 이 서사법이 궁녀(지밀내인)들 사이에 계속 전승되고 있었다는 추정도 가능합니다.

그리고 1600년대 초기 문헌 중에서 주목해봐야 할 문헌이 하나 있습니다. 바로 『해동역대명가필보(海東歷代名家筆譜)』에 수록된 「술회문(述懷文)」(1619추정, 판본)입니다. 「술회문」은 인목왕후의 글씨로 기록에 남아 있는데요. 한문은 해서로, 한글은 정자로 쓰여 있습니다. 한글 자형을 보면 이전 문헌들에서 볼 수 없었던 돋을머리와 왼뽑음이 명확하게 형성되어 있을 뿐만 아니라 받침 'ㄴ, ㄹ'의 마지막 획이 일직선 형태로 음운체계를 따르고 있습니다. 특히 'ㅣ'모음이 길어지면서 글자의 중심축이 오른쪽으로 이동하는 현상은 자형의 특징과 함께 궁체 정자가 형성될 때의 모습과 발전 과정을 떠올리게 합니다.

1500년대는 아쉽게도 궁체라고 부를 수 있는 문헌자료가 없습니다. 다만 궁체와 연관성이 매우 높은 자료로 〈선조국문유서(宣祖國文諭書)〉가 있습니다. 〈선조국문유서〉는 임진왜란 중인 1593년에 선조가 내린 한글 교서로, 서체는 관료서체입니다. 음운체계에서 조형체계로의 전환을 엿볼 수 있으며, 'ㅣ'축이 정렬되는 모습도 볼 수 있어 관료서체와 궁체와의 연관성 및 그 영향관계를 짐작할 수 있습니다. 한글 서예사에서 빼놓을 수 없는 중요한 문헌입니다.

1400년대에는 국보로 지정되어 있는 〈상원사중창권선문(上院寺重創勸善文)〉(1464)이 있습니다. 서체는 〈선조국문유서〉와 같은 관료서체입니다만 〈선조국문유서〉보다 받침의 크기가 큽니다. 즉 종성을 초성과 중성의 가로 폭과 같은 크기로 맞추고 있는 것으로, 한글 창제 당시의 조형법을 계승하고 있습니다. 자형은 정방형의 틀을 기준으로 그 안에 글자를 구성하는 방식을 취하고 있지만, 받침의 크기 때문에 전체적으로 자형이 납작해 보이기도 합니다. 획의 형태를 살펴보면 돋을머리, 왼뽑음, 들머리, 맺음 등을 사용하고 있으며, 받침 'ㄴ, ㄹ'의 마지막 획은 일직선으로 긋고 있는 것을 볼 수 있습니다.

우리가 묵적(墨蹟)으로 부르는 자료는 〈상원사중창권선문〉이 마지막입니다. 〈상원사중창권선문〉을 제외하고 현전하는 1400년대 자료는 모두 판본(板本)입니다. 이 판본들 가운데 반드시 살펴봐야 될 자료가 있습니다. 바로 『홍무정운역훈(洪武正韻譯訓)』(1455)과 「훈민정음언해본」(1459)입니다.

이 두 문헌은 궁체와 떼려야 뗄 수 없는 매우 중요한 자료입니다. 왜냐하면 이들 자형에서 돋을머리, 왼뽑음, 들머리, 삐침 등 후대의 궁체에서 볼 수 있는 획형 대부분이 처음으로 나타나고 있기 때문입니다. 뿐만 아니라 음운체계의 구조를 제외하면 궁체라도 해도 될 만큼 후대의 궁체 자형과 높은 유사성을 보이고 있기도 합니다.

이 말인즉슨 지금까지 역사의 시간을 거슬러 힘들게 쫓아왔던 궁체 자형과 획형의 시초가 『홍무정운역훈』과 「훈민정음언해본」으로 모두 귀결된다는 의미입니다. 즉 두 문헌의 글씨가 궁체의 원형이자 궁체의 출발점이라고 할 수 있는 것입니다.

　지금까지 자형의 변천 과정을 시대의 역순으로 살펴보면서 궁체가 오랜 시간동안 점진적으로 변화, 발전해 왔다는 사실을 알 수 있었습니다. 특히 이 과정에서 궁체가 어느 특정 집단이나 계층이 만들어 낸 서체가 아니라 궁중의 다양한 구성원들이 수 백 년에 걸쳐 발전시켜 왔다는 사실을 깨달을 수 있습니다.

　앞으로 궁체를 어떻게 발전 시켜 나아갈 것인가는 오늘을 살아가는 우리의 몫이라고 하겠습니다.

뎡미 가례시 일긔

룩간틱 길월 홋 스일

치간틱 구월 홋 삼일

삼간틱 십월 홋 십 팔일

동일 훅훅 궐시 문의 슉문

쳑빈일 십월 십구일

납폐 동월 이십일

가례일 동월 이십일일

쳣쇼동명면 외문 二동화문

뇌문 二 쳐 오문

『뎡미가례시일긔』 1847년
장서각 소장

3부

왕후의 편지를 대신 씁니다
- 서사상궁과 서기 -

12. 왕후의 편지를 대신 씁니다1
- 조선 후기의 서사상궁(書寫尙宮)

조선시대 한글 자료 가운데 효종과 현종, 숙종 그리고 인조비 장렬왕후, 효종비 인선왕후, 현종비 명성왕후, 숙종비 인현왕후가 숙명공주(淑明公主, 1640~1699)와 숙휘공주(淑徽公主, 1642~1696)에게 보낸 한글 편지를 모아 첩으로 만든 『숙명신한첩(淑明宸翰帖)』과 『숙휘신한첩(淑徽宸翰帖)』이 있습니다.

두 문헌 모두 한글서예사를 연구하는데 빼놓을 수 없는 매우 귀중한 자료입니다. 그 까닭은 장렬·인선·명성·인현왕후의 편지에서 이전에서는 볼 수 없었던 편지글의 형식과 흘림 자형의 정형화와 같은 궁체사(宮體史)에 있어 일대 변혁이라 할 수 있는 중대한 변화의 과정을 볼 수 있기 때문입니다. 뿐만 아니라 왕후들의 편지가 지밀내인에 의해 대필(代筆)되었다고 추정할 수 있는 현전(現傳)하는 가장 이른 시기의 자료이기도 하기에 그렇습니다.

대부분의 학자들은 왕후들의 편지가 지밀내인들에 의해 대필되었다고 보고 있습니다. 이에 대해 김명길 상궁은 "봉서는 대부분 제조상궁이 대필했는데 제조상궁이 연로하게 되면 지밀나인 중 글 잘하는 나인이 맡기도 한다."[28]라고 증언하고 있어 이를 뒷받침 합니다. 김명길 상궁은 순정효황후를 모시던 지밀내인으로 조선의 마지막 상궁으로 일컬어지는 분입니다.

지밀내인은 왕실의 직접적인 시중과 함께 궁중의 가장 은밀한 곳인 지밀(至密:침실)을 담당하는 만큼 어려서부터 엄격한 교육을 받는 것으로 알려져 있습니다. 장서각에 소장되어 있는『여관제도연혁(女官制度沿革)』[29]과 김용숙 선생님의『조선조 궁중 풍속 연구』에 따르면 조선 후기 지밀내인은 4~10세의 어린나이에 입궁하며, 7~8세가 되면 궁중 법도와 기초적인 학문 등을 익힌다고 합니다. 특히 지밀내인의 학습과정에는 궁체의 수련도 빼놓을 수 없는데, 어려서부터 시작된 궁체 연습은 관례 후에도 계속된다고 하니 그 연습량이 어마어마함을 알 수 있습니다.[30]

'서사상궁'은 바로 이 지밀내인 가운데 글씨를 뛰어나게 잘 써서 왕후(비빈)의 편지를 대필하거나 발기 등을 맡아 썼던 상궁을 이릅니다. 그런데 서사상궁의 성격을 조금 더 자세히 살펴봐야 합니다. 왜냐하면 왕후의 편지를 대필하거나 발기를 맡아 쓰는 일은 서기(書記)도 했기 때문입니다. 서기에 대해서는 뒤에서 자세히 이야기하겠지만 신분이나 지위가 서사상궁과 다릅니다.

서기는 지밀소속이기는 하지만 일종의 특별직이라 할 수 있습니다. 이에 반해 서사상궁은 지밀 소속의 상궁, 그 가운데에서도 품계가 높은 상궁을 이릅니다. 특히 내인들을 통솔하는 최고의 위치에 오른

제조상궁까지도 한글 서예계에서는 서사상궁이라 칭합니다.

사실 한글 서예계에서 서사상궁이라고 입버릇처럼 말하지만, 실제로 서사상궁이라는 명칭은 조선시대 문헌 어디에서도 나오지 않습니다. 당연히 서사상궁이라는 직책도 없습니다. 왕후의 편지를 대필하거나 발기를 쓰는 일은 지밀내인이 해야 할 수많은 업무 가운데 하나에 불과했던 것입니다.

지밀내인들의 평상 업무임에도 불구하고 서사상궁이라는 명칭이 나오게 된 이유는 지밀내인들의 서사 업무가 급격하게 늘어나면서부터라고 생각됩니다. 일례로 효종의 한글 편지를 들 수 있습니다. 편지의 내용을 보면 세 공주(숙안, 숙명, 숙휘)가 보낸 문안 편지가 마치 한 사람이 쓴 듯 똑같아서 정성이 없으므로 차후에도 이와 같이 보낸다면 편지를 받지 않겠다고 하고 있습니다.[31] 세 공주의 편지를 받고 이렇게까지 효종이 화를 낸 이유는 지밀내인들이 편지를 대필하면서 벌어진 일이라고 생각됩니다. 아침저녁으로 올리는 문안 편지의 특성상 지밀내인들이 늘 정해진 형식과 의례적인 내용으로 쓰다 보니 세 공주의 편지가 거의 똑같을 수밖에 없었을 것입니다. 효종의 입장에서는 한두 번도 아니고 형식적인 편지를 계속 받다보면 서운했을 수도 있겠습니다. 하지만 지밀내인들의 입장에서는 서사 업무가 그만큼 많아졌다는 것을 의미하기도 합니다. 효종뿐만 아니라 왕실의 어른들 모두한테도 문안 편지를 써야 했을 테니까요.

그리고 조선 후기로 갈수록 왕실의 인원이 늘어나면서 지밀내인이 편지를 대필하는 일은 더욱 많아졌을 것입니다.[32] 특히 1800년대 중

후반에 이르면 지밀내인들의 서사 업무가 폭증한 것으로 보입니다.[33] 이는 "지밀내인 중에는 조석문안 편지를 전담하여 대필하는 사람이 있었고 건기 같은 공문서만을 쓰는 사람도 있었다."[34]라는 전언을 통해 알 수 있습니다.

특이한 점은 지밀내인이 왕후의 편지를 대필할 때는 대부분 진흘림체로, 발기(件記)를 쓸 때는 흘림체를 주로 사용한다는 사실입니다. 편지에 진흘림을 사용하게 된 이유는 알 수 없지만, 1800년대부터는 진흘림으로 편지를 쓰는 것이 보편화된 것으로 보입니다. 조선 후기 대표적인 서사상궁으로 불리는 순조 때의 원상궁, 조대비(신정왕후) 전의 천상궁(천일청), 최상궁(최장희), 고종 때의 서상궁(서희순), 하상궁, 신상궁(수춘당) 등의 편지를 보면 모두 진흘림으로 서사되어 있기 때문입니다.[35] 이에 반해 1600년대의 『숙명신한첩』이나 『숙휘신한첩』에 보이는 왕후들의 편지는 모두 흘림으로만 되어 있어 시대별 차이를 확인할 수 있습니다.

한편, 직급이 높은 서사상궁들도 틈틈이 소설 필사에 참여한 것으로 보입니다. 낙선재본 소설들 속에는 진흘림 필의(筆意)가 가득한 자형들이 섞여 있는데, 이는 누가 봐도 서사상궁이 쓴 글씨라 할 수 있습니다. 다만 서사상궁들이 소설 필사에 주도적으로 참여했다고 보이지는 않으며, 그냥 '내가 한번 써볼까' 또는 '글씨는 이렇게 쓰는 거야' 정도의 느낌을 주는 짧은 분량으로 보여주기 식의 느낌을 강하게 받는 것이 대부분입니다. 물론 이화여대 소장 『옥원중회연』처럼 꽤 많은 분량을 필사한 소설들도 있습니다만 예외적이라 할 수 있습니다.

마지막으로 짚고 넘어가야 할 사항이 하나 있습니다. 앞서 조선시대 문헌 어디에도 서사상궁이라는 명칭이나 공식 직책이 나오지 않는다고 이야기한 바 있습니다. 그렇다면 서사상궁이라는 명칭은 언제, 누가 만든 걸까요?

서사상궁과 관련해 여러 논문과 책을 살펴본 결과 김일근 선생님이 왕과 왕후의 친필 편지를 모아 간행한 『이조어필언간집』이라는 책에서 "이조 중기 이후로 국문의 생활화가 활발하게 되자 궁중에서도 교서(敎書), 전교(傳敎), 서간(書簡)(주로 문안지)에 종사하는 서사상궁이 별도로 있게 되었다."36라는 문장을 발견할 수 있었습니다. 『이조어필언간집』이 1959년에 발간되었으므로 현재로서는 서사상궁이라는 명칭을 처음 사용한 책이라고 할 수 있을 것 같습니다. 이후 서사상궁이라는 명칭이 한글 서예계를 비롯해 여러 책과 논문에서 반복적으로 사용되면서 분야를 가리지 않고 널리 확산된 것으로 보입니다.

조선 후기 서사상궁들은 궁체의 황금기를 구축하고 이끈 주역들이었다고 해도 과언이 아닙니다. 앞으로 서사상궁에 대한 자료의 발굴과 심도 깊은 연구가 이루어지길 희망해 봅니다.

"대전회통(大典會通)에 의하면 궁녀(宮女)란 궁중여관(宮中女官)의 별칭으로 상궁(尙宮) 이하의 궁인직(宮人職)을 말한다."[37]

「조선조 궁중풍속 연구」에 서술되어 있는 내용입니다. 이 구절을 통해 궁녀의 공식명칭이 궁중여관(宮中女官)이라는 사실을 알 수 있습니다.

궁중여관은 정5품부터 종9품(從九品)까지의 품계로 나누어져 있으며, 그들의 소속에 따라 지위의 차이가 있습니다. 예를 들어 지밀이 제일 높으며, 이후 침방(針房), 수방(繡房), 세수간(洗手間), 생과방(生果房), 소주방(燒廚房), 세답방(洗踏房)의 순으로 차등을 둔 것이죠.

그리고 「여관제도연혁(女官制度沿革)」에 따르면 지밀의 상궁을 '지밀여관 또는 지밀내인으로 칭한다.(至密女官又稱至密內人)'라고 기록되어 있습니다. 지밀뿐만 아니라 침방, 수방, 세수간, 생과방 등도 마찬가지입니다. 즉 침방내인, 수방내인 등으로 부르고 있는 것입니다.

이에 따라 이 장부터는 앞 장에서 사용했던 궁녀 대신에 지밀내인이라는 명칭을 사용합니다. 편지를 대필하거나 발기 등의 공문서 작성 등의 서사 업무 모두를 지밀내인이 맡고 있기 때문입니다. 또 그들이 속해 있는 특정 소속을 밝힘으로써 전문성을 부각시키고자 하는 이유도 포함되어 있습니다. 아울러 본문에서는 궁녀 대신 내인으로 사용하고 있는데, 이 역시 「여관제도연혁」과 〈발기〉 등의 기록에 따른 것으로 앞으로 이 명칭을 계속 사용할 예정입니다. 다만 인용문 등 예외적인 경우 궁녀라는 명칭도 함께 사용할 것입니다.

참고로 「여관제도연혁」에 나온 지밀내인에 대해 조금 더 소개해 볼까 합니다. 지밀내인은 4~10세까지 입궁하며, 입궁한지 15년에 관례하고, 25년에 상궁의 직첩을 받으며, 지밀내인의 선발은 각궁의 소임의 여식이나 상궁의 친족에서 선정한다고 되어 있습니다. 또 지밀의 상궁 중에 제조상궁(提調尙宮)이 있어 여관전부를 통솔할만한 자격자로 임명하고, 내전 어명을 받들고 내전의 대소치산(大小治産)을 모두 관리함은 물론 여러 역할을 한다고 기록하고 있습니다. 그리고 부제조상궁과 대령상궁, 시녀상궁이 있는데, 시녀상궁의 경우 지밀에 상시 봉사하고 서적 등을 관장하고 혹 문(文)을 낭독하며 서(書)의 정사역(淨寫役) 등 기타 주계(奏啓)의 일을 맡는다고 하고 있습니다.

또한 가례(嘉禮), 조견례(朝見禮), 묘견례(廟見禮), 진작(進爵), 진연(進宴), 진찬(進饌), 회작(會酌) 시에 황제, 태황태후, 황태후, 황후, 황태자, 황태자비께 도인(導引), 전도(前導), 시위(侍衛), 찬례(贊禮), 승인(承引), 계청(啓請), 찬청(贊請), 전인(前引)의 일을 담당한다고 하고 있어 공식적인 행사에서 지밀내인의 역할을 설명하고 있기도 합니다. 이렇게 보면 지밀내인이 하는 일이 정말 많았음을 알 수 있습니다.

13. 왕후의 편지를 대신 씁니다 2
- 서기(書記), 그리고 서기상궁 최치정

얼마 전 인사혁신처에서 필경사를 뽑았다는 뉴스가 전해졌습니다. 대한민국 공무원 중 가장 희귀한 직군으로 손꼽힌다는 필경사는 1962년 처음 생긴 이래 62년 동안 단 4명밖에 없었다고 합니다. 필경사의 주 임무는 대통령 명의의 임명장을 붓글씨로 쓰는 것으로, 1년에 무려 4천장~7천장이나 쓴다고 하니 놀라울 따름입니다.

앞서 서사상궁을 설명하면서 서기(書記)에 대해서도 잠깐 언급한 바 있습니다. 서기는 서사상궁과 같이 지밀 소속으로, 주 임무는 왕후(비빈)나 제조상궁의 편지를 대필하고 발기를 전담하여 서사하는 것입니다.[38] 쉽게 말해 서사만을 전문적으로 담당하는 직책이라고 볼 수 있는 것이죠. 오늘날 필경사가 대통령 임명장 등을 전담해 쓰는 것과 비슷한 맥락입니다. 대표적으로 서기 이씨[39]를 꼽을 수 있습니다.

서기 이씨는 조선 후기 가장 뛰어난 궁체 명필로 일컬어지고 있는데요. 서기 이씨의 사례를 보면 서기 이씨의 경우 정식 내인이 아니라 내인의 대우를 받는 특별직이라는 사실을 알 수가 있습니다.

> 신정황후 조씨전 지밀내인至密內人 이씨가 글씨필력筆力이 철 같고 자체字體가 절묘絶妙한데 내인을 나와 시집 갔더니 살지 못하고 본가에 있으니 국문國文 난 후 제일가는 명필이라 아까오시나 시집갔던 사람을 다시 내인이라 하실 수 없어 이름名을 서기라 하시고 내인과 같이 월급을 주시고 황후 봉서封書와 큰방상궁 대서代書를 하게 하시고 내인과 같이 예우禮遇하시니라.
> 단기檀紀 사천 삼백 칠년1974년 갑인甲寅 중하仲夏 대한 이십삼대 순조 숙황제 외증손녀 윤백영 팔십 칠세 서. 40

위 글은 윤백영 여사가 1974년에 쓴 해제(解題)입니다. 내용에 따르면 서기 이씨는 본래 신정왕후전의 지밀내인으로 출궁한 후 결혼까지 하였으나 결혼에 실패하여 본가에 머무르던 중, 국문 제일의 명필이 아까워 다시 궁으로 불러들여 서기라는 이름을 주고 내인과 같이 예우해주었다고 이야기하고 있습니다. 즉 신정왕후가 출궁한 내인을 '서기'라는 직책까지 만들면서 특별히 채용하여 다시 궁으로 불러들인 것입니다.41 일종의 경력직 특채인 셈으로, 지금 생각해도 대단한 특혜가 아닐 수 없습니다.

도대체 글씨를 얼마나 잘 썼으면 그럴까라는 생각은 현재 실물로 남아있는 서기 이씨의 글씨를 보는 순간 이해가 됩니다. 국문 제일 명필이며 필력이 철(鐵) 같고 자체가 절묘하다는 평가가 무색하지 않을 정도로 글씨를 정말 잘 썼습니다. 신정왕후가 출궁한 내인을 왜 다시 궁으로 불러들였는지 저절로 고개가 끄덕여 집니다.

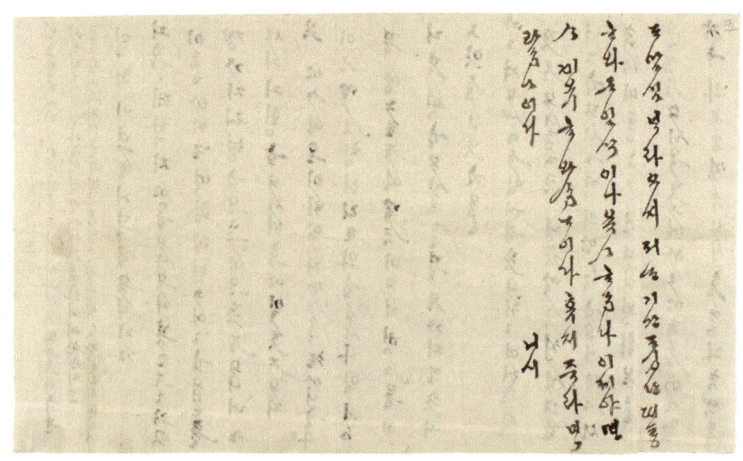

〈서기이씨 봉서〉(1888년 추정)와 사후당여사 해제
국립한글박물관 소장

그리고 윤백영 여사의 해제에서 또 하나 주의 깊게 살펴볼 부분은 서기 이씨가 황후의 봉서와 함께 큰방상궁, 그러니까 제조상궁의 대서까지도 맡고 있다는 점입니다. 이를 통해 서기 이씨의 임무를 알 수 있는 동시에 서기와 서사상궁과의 차이를 짐작해 볼 수 있습니다.

한편 '서기'에 대해 아주 오래전 여러 말들이 오간 적이 있었습니다. 왜냐하면 서기라는 단어가 공식적인 문헌에 등장한 적이 한 번도 없을 뿐더러, 윤백영 여사의 해제 말고는 서기라는 직책을 증명해 줄 여타 자료들이 하나도 없었기 때문입니다. 다행히 장서각에 소장되어 있는 〈병인맹춘큰전의련도〉[42]와 〈병인맹춘큰전분료도〉[43]에 '서긔 최시'라는 또 다른 서기의 존재가 기록되어 있어 서기에 대한 의구심은 어느 정도 일단락되었습니다.

하지만 서기와 관련된 후속 연구는 현재까지 전혀 진행되고 있지 않습니다. 한글 서예계에서도 더 이상 서기에 대해서는 관심을 갖고 있지 않은 듯 보입니다. 아니면 〈병인맹춘큰전의련도〉와 〈병인맹춘큰전분료도〉의 '서기 최씨'로 충분하다고 생각해서 그런 것인지 잘 모르겠습니다.

개인적으로는 '서기 최씨' 만으로는 서기에 대한 논란을 완전히 잠재우기에는 여전히 부족하다고 생각합니다. 조선 후기 한글 서예사에서 서기가 차지하는 비중과 중요성을 고려해 보면 더 그렇습니다. 그래서 서기가 기록된 또 다른 문헌이 있는지 직접 찾아보기로 했습니다. 목마른 사람이 우물 판다는 속담이 맞습니다.

오른쪽 표는 서기가 기록되어 있는 발기의 목록으로, 기존에 알려지지 않은 새로운 자료들 입니다.

장서각에 소장된 발기 중 한글 발기 428건을 살펴본 결과 서기가 기록된 발기는 표에서 보는 바와 같이 모두 15종입니다. 이미 밝혀진 〈병인맹춘큰전의련도〉와 〈병인맹춘큰전분료도〉를 제외하면 13종의 발기에서 서기가 기록되어 있는 것을 찾을 수 있었습니다.

특히 새로 찾아낸 13종의 서기 기록 발기들 가운데, 서기가 2명 이상 기록된 발기들이 눈에 띕니다. 〈대전태자궁선자반사발기〉, 〈진찬후상격발기〉, 〈무술년대전세자궁선자반사발기〉, 〈대전태자궁역서반사발기〉에서 보이는 '대전 서기', '본전 서기', '세자궁 서기(태자궁 서기)[44]'를 비롯해 〈정미년정미역서반사발기〉 등 여러 발기에서 자주 등장하는 '경선궁 서기'까지 생각해 보면 대한제국 시기에 서기가 중요한 궁전마다 한 명씩 배치되어 있었다는 것을 알 수 있습니다. 이는 지금껏 세상에 알려지지 않은 새로운 사실로 발기 연구의 필요성은 물론 서기에 대한 연구도 새롭게 필요하다는 것을 극명하게 보여준다고 하겠습니다.

특이한 점은 〈진찬후상격발기〉에 기록된 두 명의 서기, 즉 발기 초반부에 나오는 본전 서기와 발기 말미에 나오는 순빈[45]과 연관된 서기의 포상 내역이 비교도 안될 만큼 큰 차이를 보인다는 것입니다.

그 이유는 모르겠지만 발기 말미에 나오는 서기의 포상 내역이 앞에 나오는 서기보다 훨씬 적습니다. 〈대전태자궁역서반사발기〉에 대전 서기와 태자궁 서기가 똑같은 양의 역서를 받은 것을 볼 때 아무

〈 서기(書記)와 서기의 소속이 기록된 발기 목록 〉

	청구기호	발기명	제작년도/소속
1	RD01473	대전태자궁선자반사발기 (大殿太子宮扇子頒賜件記)	대전 서기, 세자궁 서기
2	RD01476	무술년대전세자궁선자반사발기 (戊戌年大殿世子宮扇子頒賜件記)	1898년 추정 대전 서기, 세자궁 서기
3	RD01479	병오년본전선자반사발기 (丙午年本殿扇子頒賜件記)	1906년 추정 경선궁 서기
4	RD01483	역서반사발기(曆書頒賜件記)	1907년 추정 경선궁 서기
5	RD01489	대전태자궁역서반사발기 (大殿太子宮曆書頒賜件記)	대전 서기, 태자궁(1895~1907) 서기
6	RD01490	정미년정미역서반사발기 (丁未年丁未曆書頒賜件記)	1907년 추정 경선궁 서기
7	RD01498	기해년선자반사발기 (己亥年扇子頒賜件記)	1899년 추정 귀인과 경선궁이 같이 표기되어 있으나 경선궁은 후에 첨기한 것으로 보임 엄귀인 궁방(경선궁) 서기
8	RD01496	선자역서반사발기 (扇子曆書頒賜件記)	세자궁 서기 추정
9	RD01598	진찬후상격발기 (進饌後賞格件記)	1901년 본전 서기, 순빈 서기
10	RD01620	동궁탄일상격발기 (東宮誕日賞格件記)	1894년 추정 세자궁 서기 추정
11	K2-4847	세찬미발기	태자궁(1895~1907) 서기 추정 표지제목은 '병인계셰찬미훈조졈심미 염반사도'이나 병인년과 관계없음
12	K2-5201	훈조반사도(훈조頒賜圖)발기	1907~1910년 추정 경선궁 서기 추정
13	K2-5038	반사도(頒賜圖)발기	태자궁(1895~1907) 서기 추정
14	K2-3168	병인맹춘큰전의련도 (丙寅孟春大殿衣練圖)	1901~1907년 추정 병인년과 관계없음 경선궁 서기 최씨
15	K2-5040	병인맹춘큰전분료도 (丙寅孟春大殿分料圖)	1901~1907년 추정, 병인년과 관계없음 경선궁 서기 최씨

※ 청구기호는 장서각의 청구기호이며 제작년도의 추정은 장서각의 해제를 기반으로 하고 있으나 발기의 내용과 상궁들의 이름, 그리고 발기에 나타난 자형 등 여러 정황을 종합하여 년도를 다시 추정했습니다. 이에 따라 장서각의 해제에 나타난 년도와 다를 수 있습니다. 서기의 소속은 발기에 기록된 궁전의 이름과 각 궁전에 소속된 상궁들의 이름을 기반으로 추정하였습니다.

래도 소속이나 신분에 따른 차이가 아닐까 생각됩니다. 이 부분은 조금 더 자세한 연구가 필요해 보입니다.

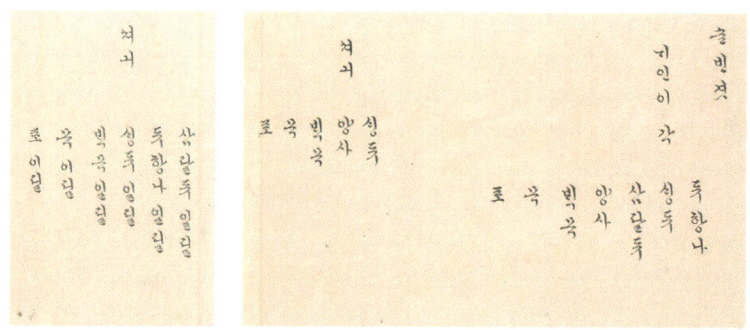

〈진찬후상격발기〉 본전 서기(좌)와 순빈 겻 서기(우)의 포상 내역 차이
장서각 소장

한편 위 발기들의 내용을 자세히 살펴보면 몇 가지 추정이 가능합니다.

첫째, 지밀에서 서기의 지위가 어느 정도였는지 가늠해 볼 수 있습니다. 예를 들어 〈병인맹춘큰전분료도〉에 나타난 서기의 급여는 상궁의 급여와 같습니다. 뿐만 아니라 다른 반사 발기에서도 서기에게 내린 반사 물품들이 상궁과 엇비슷하거나 약간 적습니다. 반면 상궁이 아닌 내인들보다는 확실히 더 높습니다. 이로 볼 때 대한제국 시기의 서기는 기본적으로 상궁 대우를 받고 있었음을 알 수 있습니다. 다만 대부분의 반사 발기에서 서열이 높은 상궁들보다 서기의 반사 물품들의 양이 조금 적게 기록되어 있는 것으로 미루어 5품 상궁보다는 품계가 조금 더 낮은 상궁 대우가 아니었을까 생각됩니다.

둘째, 〈병인맹춘큰전분료도〉와 〈병인맹춘큰전의련도〉에 공통적으로 등장하는 '서기 최씨'는 발기의 내용을 통해 경선궁 소속의 서기라는 사실을 파악할 수 있습니다. 그렇다면 이 시기에 제작된 것으로 추정되는 〈병오년본전선자반사발기〉, 〈역서반사발기〉, 〈정미년정미역서반사발기〉, 〈기해년선자반사발기〉, 〈훈조반사도〉에 등장하는 서기 역시 '서기 최씨'일 가능성이 매우 높습니다. 이들 모두 경선궁 내인들에 대한 반사 발기들이기 때문입니다.

참고로 〈병인맹춘큰전분료도〉와 〈병인맹춘큰전의련도〉에는 '경선궁'과 '영친왕궁'이라는 표기가 나옵니다. 1901년에 '경선궁'이라는 궁호가 정해지고,46 1907년에 '영친왕궁'이 폐지47되었으므로 두 발기는 1901~1907년 사이에 제작되었다는 사실을 알 수 있습니다. 표지 제목에 나오는 '병인(丙寅)' 년과는 아무런 관련이 없는 것입니다.

셋째, 〈병인맹춘큰전분료도〉와 〈병인맹춘큰전의련도〉를 제외한 나머지 발기들을 보면 지밀소속의 상궁은 '김상궁'처럼 '성+상궁'을 붙이고, 직첩을 받지 못한 내인의 경우에는 이름을 그대로 적고 있는데 반해, 서기는 이름이나 성 없이 그냥 서기로만 기록하고 있습니다. 상궁과 내인, 그리고 서기를 확실하게 구별하고 있는 것이죠. 이는 앞에서 살펴 본 서기 이씨에 대한 윤백영 여사의 해제 내용과도 부합하고 있어 서기의 성격이나 개념을 도출하는데 많은 도움을 받을 수 있습니다.

그리고 서기와 관련해서 중요한 기록이 남아있는 문헌이 하나 더 있습니다. 바로 『승녕부일기(承寧府日記)』(K2-3612)입니다. 이 문헌은 아직까지 한글 서예 연구에서 한 번도 언급된 적 없는 문헌으로 최초로 소개합니다.

『승녕부일기』는 1907년 8월 11일부터 1911년 1월 31일까지 승녕부에서 작성한 고종의 일기입니다. 이 가운데 융희 4년(1910) 6월 4일자 일기에서 서기와 관련된 매우 특별한 기록을 볼 수 있습니다. 즉 '서기상궁(書記尙宮) 최치정(崔致貞)'이라는 지금껏 그 어디에서도 볼 수 없었던 내인의 직책 명칭과 이름이 실려 있는 것입니다.[48]

여기서 눈 여겨 볼 점은 서기+상궁의 조합으로 만들어진 '서기상궁'이라는 명칭입니다. 이 명칭은 서기를 상궁으로 직설적으로 표현하고 있는 것은 물론 '서기=상궁'이라는 인식을 숨김없이 그대로 보여주고 있기도 합니다. 이로 볼 때 당시 승녕부에서는 서기를 상궁으로 인식하고 있었다는 사실을 알 수 있습니다.

이는 상궁과 내인, 그리고 서기를 명확하게 구별해 기록하고 있는 발기와 상반되는 것으로, 서기에 대한 인식 차이를 볼 수 있습니다. 이러한 인식의 차이는 내인 조직을 바라보는 관점(내부와 외부)에서 비롯된 것이 아닐까 생각됩니다.

현재까지 이름이 밝혀진 서기가 한 명도 없었음을 생각할 때, '서기상궁 최치정'은 이름을 알 수 있는 유일한 서기라고 말할 수 있겠습니다.

궁체 쓰기에 탁월한 능력을 지닌 서기는 그 중요성에 비해 연구가 상당히 미진한 편입니다. 아니, 거의 없다고 해도 과언이 아닙니다. 다행히 다수의 서기 관련 기록을 발굴해 서기의 존재를 확실하게 증명할 수 있게 된 점과 여러 사실들을 새롭게 밝혀낸 점은 개인적으로 큰 성과라고 생각합니다. 특히『승녕부일기』의 '서기상궁 최치정'을 소개해 서기 연구에 조금이나마 도움을 줄 수 있게 되어 기쁘기도 합니다.

앞으로 한글 서예계는 물론 여러 인접분야에서 서기에 대한 다양한 연구와 논의가 활발히 이루어졌으면 더할 나위 없겠습니다.

'서기상궁 최치정'은 「승녕부일기」 외에 「주전과급료지불명세부(主殿課給料支拂明細簿)」와 「순종효황제어장주감의궤(純宗孝皇帝御葬主監儀軌)」, 「내전일기(內殿日記)」〈나인월급반사도〉에서도 그 이름을 발견할 수 있습니다.

특히 「주전과급료지불명세부」와 「순종효황제어장주감의궤(純宗孝皇帝御葬主監儀軌)」에서는 노퇴내인(老退內人)으로 기록되어 있으며,49 「주전과급료지불명세부」를 통해 1922년부터 1929년 12월까지 매달 25원을 지급받고 있었다는 사실을 알 수 있습니다.50

반면 「내전일기」에는 대조전의 지밀상궁으로 기록되어 있는데,51 「내전일기」가 1927년 6월부터 기록되어 있는 것으로 미루어, 1927년에는 노퇴내인 신분으로 대조전에서 지냈던 것으로 추정해 볼 수 있습니다.

한편, 발기의 서체는 궁체 흘림이 주를 이룹니다. 흘림을 주로 사용한 이유는 발기가 공문서이기 때문일 것입니다. 기본적으로 공문서는 가독성이 뒷받침되어야 할 뿐만 아니라 많은 분량52을 제한된 기간 내에 빨리 써야 하므로 흘림을 선택할 수밖에 없었을 것으로 보입니다. 발기 중에서 흘림이 압도적으로 많은 이유가 이 때문이 아닌가 싶습니다. 물론 발기 가운데 반흘림이나 정자가 보이기도 하지만 극히 이례적이라 할 정도로 그 수가 적습니다.

발기에서 보이는 흘림 자형은 대체로 그 수준이 꽤나 높습니다. 특히 정확하면서도 자신감 넘치는 붓의 운용은 물론 한 치의 흐트러짐 없는 치밀한 자형은 감탄을 자아내기에 충분합니다. 그리고 발기의 자형 분석을 통해 제작 년대를 추정할 수도 있습니다. 이는 발기가 제작된 시기에 따라 자형이나 획형의 특징이 다르게 나타나기 때문에 가능한 일입니다.

따라서 발기에 나타난 자형의 특징을 시기별로 분석해 정리해 놓는다면 발기의 제작 시기를 판단하는데 있어 매우 유용하게 사용할 수 있을뿐더러, 궁체의 발전과정과 시기별 서사법을 추적해 볼 수 있는 좋은 자료가 될 것이라 생각합니다. 예를 들어 1880년대에 제작된 발기들의 자형을 보면 공통적으로 돋을머리의 크기와 각도, 운필법이 매우 독특합니다. 제작 년대를 모르는 발기에서 이와 같은 획형과 운필법의 특징들이 보인다면 우선적으로 1880년대 이후에 제작되었을 것으로 추정할 수 있는 것입니다.

대전궁반ᄉ

침방 각 빅녀 시십오건
춋방 동녀 삼십오건
안슬
성것방 각 빅녀 삼십오건
밧슬
쳬급방 동녀 삼십오건
쳬축간
낭식장 각 빅녀 이션
낭보기 동녀 ᄉ건
그간뎡낙 각 빅녀 이건
아믈뎡낙 동녀 ᄉ션
쳐긔
빅녀 삼건
동녀 답건

대뎐 방ᄉ

침방 각 빅녀 이십건
춋방 동녀 ᄉ십건
안슬 빅녀 ᄉ십오건
성것방 각 동녀 삼십오건
쳬급방 동녀 ᄉ십오건
밧슬
쳬축간 각 동녀 ᄉ십건
낭식장 빅녀 이션
낭보기 각 동녀 ᄉ션
그간뎡낙 빅녀 이션
아믈뎡낙 동녀 ᄉ션
쳐긔
빅녀 답건

〈대전태자궁역서반사발기〉 대전 서기와 태자궁 서기
장서각 소장

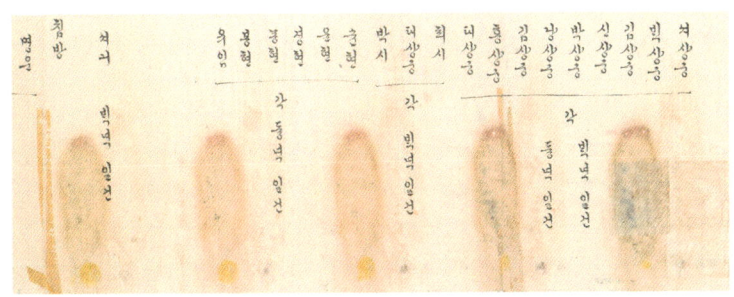

〈역서반사발기〉

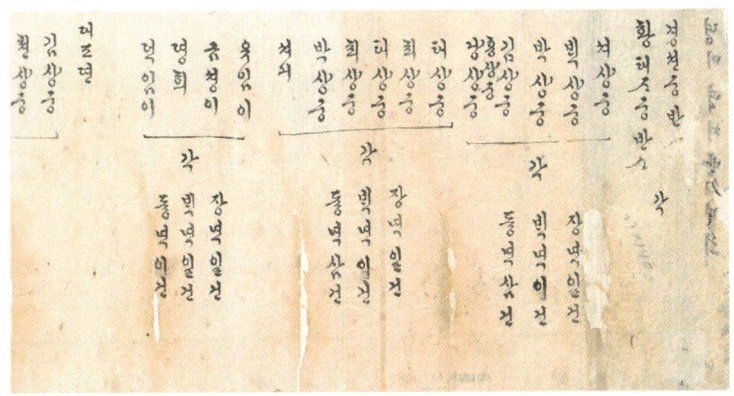

〈정미년정미역서반사발기〉

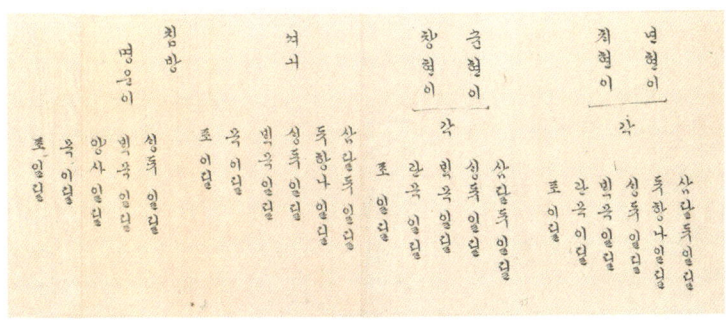

〈진찬후상격발기〉
장서각 소장

『승녕부일기』 속 서기상궁 최치정
장서각 소장

14. 제조상궁과 아랫고상궁(부제조상궁)

서기의 임무가 왕후의 편지 대필과 발기를 전담하여 서사하는 것이라고 앞에서 밝혔습니다. 그런데 '발기'라는 단어는 계속 언급되는데, 이에 대한 설명은 하지 않아 발기가 무엇인지 모르는 분들이라면 매우 궁금했을 것으로 생각됩니다.

발기란 주로 왕실의 각종 행사나 의례에 참여한 사람들의 이름이나 소용된 물품들을 빠짐없이 하나하나 상세히 기록한 문서를 이릅니다. 한자로는 '건기(件記)'라고 합니다. 이 까닭에 종종 '발기'와 '건기'가 혼용되어 쓰이는 경우가 있습니다. 예를 들어 『조선조궁중풍속연구』에서 "건기 같은 공문서만을 쓰는 사람도 있었다."[53] 라고 하고 있으나, 같은 책 후반부에는 "발기 전담내인이 있어……"[54] 라고 하여 같은 책 안에서도 '발기'와 '건기'를 같이 사용하고 있습니다.

한글 발기는 대부분 궁체 흘림으로 서사되어 있는데, 결구법이나 운필법은 물론 완성도 면에서도 매우 높은 수준을 자랑합니다. 아마도 궁체 쓰기에 탁월한 능력을 지닌 서사상궁이나 서기가 발기의 서사를 맡고 있기 때문일 것입니다. '100대 한글문화유산'인『뎡미가례시일긔』도 제목은 일기라고 되어 있지만 내용을 보면 발기라 해도 무방할 정도입니다. 또 나무랄 데 없는 자형을 보면 당연히 서사능력이 최고 수준에 이른 서사상궁이나 서기가 서사한 것으로 볼 수 있습니다. 이처럼 발기는 한글 서예에서 매우 중요한 문헌임에도 불구하고 현재 연구가 매우 미진한 상태입니다. 발기에 나타난 시대별 자형의 특징이나 서사법, 그리고 내용면에서 한글 서예 연구에 참고할 만한 부분이 적잖은데도 말이죠.

한편, 고종 때 서희순 상궁을 한글 서예계에서는 '서사상궁'으로 부르고 있습니다. 하지만 서희순 상궁은 '제조상궁(提調尙宮)'으로 최고의 직위에 오른 상궁입니다.[55] 제조상궁은 모든 내인을 통솔하는 가장 지위 높은 상궁으로 알려져 있으며, 실제로도 이왕직(李王職)에서 작성한『여관제도연혁』에도 그렇게 기록되어 있습니다. 뿐만 아니라 제조상궁은 TV드라마에서도 품계가 높은 신하들조차 함부로 대할 수 없는 막강한 힘을 가진 유일한 상궁으로 자주 등장해 대중들에게도 매우 익숙한 편입니다.

그런데 제조상궁의 명칭에 의문을 제기하는 글을 읽은 이후 지금까지 아무생각 없이 보고, 듣고, 사용했던 제조상궁에 대해 다시 한번 생각해 보게 되었습니다.

> 제조니 부제조니 하는 말들이 문관 벼슬아치들에게 쓰는 용어임을 감안할 때 조선시대에 '미천한 출신'의 궁녀에게 공식적으로 사용했을지

의심스럽다. ……중략……조선시대에 공식적으로 '제조'를 붙여 '제조상궁'으로 불렀다는 기록이 확인되기 전에는 조선시대 궁녀에 대해 언급할 때 조심스럽게 사용할 필요가 있다. 만일 공식적 사용이 확인된다면 이는 궁녀의 실질적 공식적 지위가 상당히 높았음을 보여 주는 것이라 할 것이다. 윤백영은 제조상궁을 '큰방상궁', '큰방제주상궁' 등으로도 칭했는데, 20세기 이전 제조상궁의 공식적 혹은 공개적 명칭은 큰방상궁일 가능성이 높을 듯하다.56

위 글을 보면 제조상궁으로 불린 기록이 확인되기 전에는 제조상궁이라는 명칭을 조심해서 사용해야 한다고 하고 있습니다. 아니, 지금껏 TV에서 제조상궁을 봐온 세월이 얼마인데 기록에 없다니 이게 무슨 말인가 싶었습니다. 살짝 배신감마저 들 정도로 당혹스러웠지만 정신을 부여잡고 제조상궁에 대한 기록을 직접 찾아보기로 했습니다. 마침 발기에서 서기와 관련된 기록을 찾고 있었던 중이라 같이 찾아보기로 한 것이죠. 그리고 얼마 지나지 않아 제조상궁과 아릿고제조(부제조) 상궁이 기록되어 있는 발기를 찾을 수 있었습니다.

제조상궁과 아릿고제조상궁이 나오는 발기는 표와 같이 모두 7건입니다. 여건상 모든 자료를 볼 수 없었던 상황을 감안해보면 위 발기 외에도 제조상궁이 표기된 발기가 더 있을 것으로 보입니다.

발기들의 내용을 살펴보던 중 〈병인삼월위시생대구어생청어반사도〉와 〈하사발기〉에서 매우 특별한 사실을 하나 발견할 수 있었습니다. 그것은 바로 자전과 본전, 왕대비전, 세자궁에 제조상궁과 아릿고제조상궁의 이름이 각각 기록되어 있다는 사실입니다. 이 기록대로

라면 제조상궁은 중요한 궁전마다 따로따로 있었다는 뜻이 됩니다. 지금까지 여러 명의 제조상궁이 있을 줄은 생각도 못했습니다.

〈 제조궁과 아릿고상궁이 기록되어 있는 발기 목록 〉

	청구기호	발기명/제조상궁과 아릿고제조상궁 이름	비고
1	K2-5200	병인삼월위시생대구어생청어반사도 -혼(자)전뎨됴 운희, 아릿고뎨됴 벽영이 -왕더비뎐뎨됴 츈운이, 아릿고뎨됴 평혜 -셰즈궁보모 원희, 아릿고뎨됴 희일이 -본뎐뎨됴 금운이, 아릿고뎨됴 혜영이	장서각 해제에 1866년으로 되어 있으나 병인년과는 상관없는 것으로 보임 1892년 3월 이후 추정 57
2	RD01509	하사발기 -왕더비뎐뎨됴 (츈)운이, 아릿고뎨됴 평혜 -셰즈궁보모 원희, 아릿고뎨됴 희일이 -본뎐뎨됴 금운이, 아릿고뎨됴 혜영이	1892년 3월 이후 추정 본전 소속으로 원희와 희일이 또 나옴
3	RD01586	갑탄일내인상격발기 -뎨됴 니샹궁, 아릿고뎨됴 영희	1868년 추정
4	RD01598	진찬후상격발기 -뎨도 금운이, 아릿고뎨됴 혜영이	1901년
5	RD01603	동궁마누라관례시내인상격발기 -셰즈궁뎨됴 원희, 아릿고뎨됴 희일이	1882년
6	RD01610	가례시내인상격하오신발기 -셰즈궁뎨됴 원희, 아릿고뎨됴 희일이	1882년
7	RD01544	嘉禮時內人賞格件記(가례시내인상격발기) -世子宮提調元喜(세자궁제조원희), 阿里庫提調喜日(아리고제조희일)	1882년

『여관제도연혁』에서 제조상궁을 설명하는 부분을 보면 "상궁(尙宮) 중에 제조상궁(提調尙宮)이 유(有)하니 기중상궁(其中尙宮)의 직(職)에 년대(年代)가 최고(最高)하고 여관전부(女官全部)를 통솔(統率)할만한 자격자(資格者)로써 명함."58이라고 되어 있습니다. 내용상 한 명의 제조상궁이 내인 전부를 통솔하는 것으로 이해할 수 있습니다. 하지만 발기에 기록된 내용으로 미루어 보면 각 궁전의 제조상궁이 그 곳에 속해 있는 내인들을 통솔했을 것으로 보입니다.

이와 같은 내용은 지금까지 갖고 있던 상식을 벗어난 것이라 어떻게 해석해야 할지 난감합니다. 그동안 제조상궁에 대해 알게 모르게 세뇌를 당했거나 편견을 갖고 있었던 것일지도 모르겠습니다. 관련 분야에서 연구가 필요할 것 같습니다.

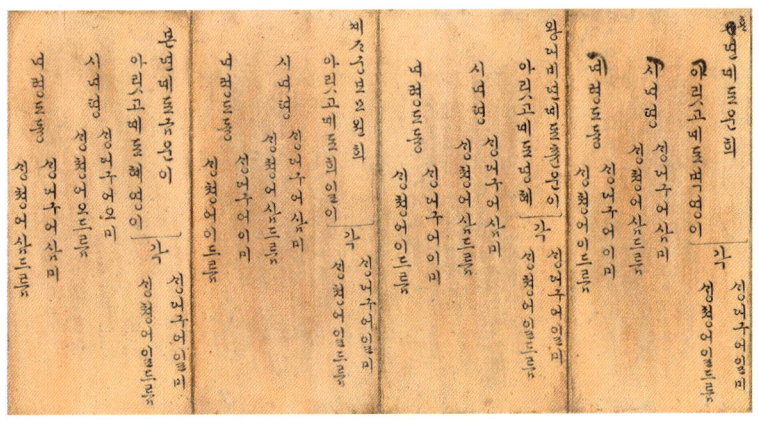

〈 병인삼월위시생대구어생청어반사도 〉
장서각 소장

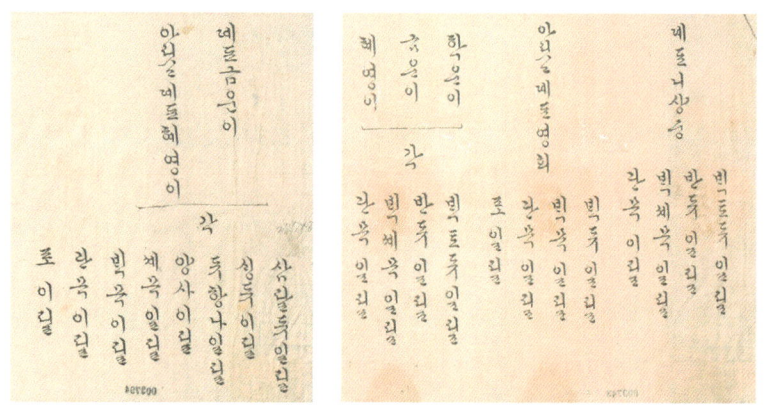

〈진찬후상격발기〉(좌) '제조 금운이' 와 〈갑탄일내인상격발기〉(우) '금운이'
장서각 소장

표 7번의 〈嘉禮時內人賞格件記(가례시내인상격발기)〉(1882)는 다른 발기들과 달리 한자로 작성된 발기입니다. 이 발기에 '世子宮提調元喜(세자궁제조원희), 阿里庫提調喜日(아리고제조희일)'이라고 한자로 기록되어 있어 당시 궁중에서 '제조'라는 명칭을 상궁에게도 사용하고 있었음을 알 수 있습니다.

또한 〈갑탄일내인상격발기〉(1868추정 59)에 '금운이'와 '혜영이'는 별다른 호칭 없이 이름만 기재되어 있는데, 이후 〈진찬후상격발기〉(1901)에서는 '제조'와 '아릿고제조'로 나옵니다. 아마도 그 사이에 승격했나 봅니다. 60

이밖에 표에는 없지만 〈마장발기(馬裝件記)〉(RD01789)에 '뎨됴샹궁 쳐의 말 이십셕'이라는 기록이 있으며, 『승녕부일기』에는 '제조상궁 서희순(提調尙宮 徐熹淳)', '부제조상궁 백완규(副提調尙宮 白完圭)'라고 직책은 물론 이름까지 한자로 자세히 기재되어 있습니다. 특히 『승녕부일기』에는 제조상궁과 부제조상궁의 명칭이 몇 년에 걸쳐 등장하고 있기도 합니다.61

"만일 공식적 사용이 확인된다면 이는 궁녀의 실질적 공식적 지위가 상당히 높았음을 보여 주는 것이라 할 것이다."라고 인용문에서 밝힌 것처럼 실제로 발기가 작성된 1800년대 후반과 대한제국 시기에는 궁녀의 실질적, 공식적 지위는 상당히 높았다고 볼 수 있겠습니다.

참고로 '큰방상궁'은 유일하게 〈친왕궁의복금침발기〉62 (RD01071)에서 나오는 것을 확인할 수 있었는데, 기록으로만 보면 큰방상궁이라는 명칭이 오히려 20세기에 사용된 명칭이 아닐까라는 생각이 듭니다.

〈하사발기〉의 경우 한 사람이 모두 필사한 것으로 보이지 않습니다. 자형이 다른 것으로 보아 최소 2인 이상의 필사자가 참여했을 것으로 보이며, 종이의 크기가 달라 발기가 뒤섞여 있을 가능성이 높아 보입니다.

특이한 점도 있습니다. 〈하사발기〉 초반부를 보면 '원희'와 '희일이'는 세자궁 보모와 아릿고제조로 기록되어 있는 반면, 중간 부분에서는 '본전 제조 금운이', '아릿고제조 혜영이' 다음에 아무런 표시 없이 '원희, 희일이, 복희, 명현이'의 순으로 나열되어 있습니다. 그러니까 한 발기 안에서 직위가 다르게 표기되어 있는 것입니다. 무언가 잘못된 것이 분명합니다.

중간 부분의 발기를 자세히 살펴보면 종이의 크기와 자형이 이전 부분과 다릅니다. 또 '원희와 희일이'의 반사 물품이 매우 적은 것은 물론 '원희'와 '희일이' 앞에 '이상궁과 지상궁'이 기록되어 있습니다. 이로 볼 때 '원희'와 '희일이'가 세자궁 제조와 아릿고제조가 되기 전의 기록일 가능성이 높습니다. 즉 제작 시기가 다른 발기가 잘못 첨부되었다고 추정할 수 있는 것입니다.

그리고 〈동궁마누라관례시내인상격발기〉(1882)와 〈가례시내인상격하오신발기〉(1882)의 기록에는 '원희'와 '희일이'는 세자궁 제조와 아릿고제조로 기록되어 있습니다. 이에 반해 〈진찬후상격발기〉(1901)에서는 '제조 금운이', '아릿고제조 혜영이' 다음에 직위 표시 없이 '복희, 원희, 희일이, 명현이'가 나옵니다. 얼핏 보면 〈하사발기〉 중간 부분의 기록과 유사합니다. 하지만 반사 물품을 비교해보면 확연히 다르다는 것을 알 수 있습니다. 〈하사발기〉에서는 '원희'와 '희일이'의 반사 물품이 매우 적은 반면, 〈진찬후상격발기〉에서는 '제조 금운이'와 거의 비슷합니다. '원희'와 '희일이'에게 상당한 예우를 해주고 있는 것이죠. 〈하사발기〉와 다른 점입니다. 다만 직위에 대한 기록이 없는 것으로 미루어 그 사이 소속과 신분에 변화가 생겼을 가능성을 배제할 수 없습니다.

한편 〈기해년경효전홍릉선자반사발기〉(1899, RD01475), 〈신축년역서반사발기〉(1901, RD01493), 〈을묘년필목반사발기〉[63] (1915, RD01506) 등에서 큰방과 아릿고방이 같이 기록되어 있는 것을 볼 수 있습니다. 특히 〈을묘년필목반사발기〉에 '지밀각방'이라는 본문 옆에 작은 글씨로 '큰방, 아릿고방, 김상궁 필십오병'이라고 부기되어 있어 '큰방, 아릿고방'은 제조상궁과 아릿고상궁의 처소를 가리키는 것으로 추정할 수 있습니다. 그런데 '큰방, 아릿고방'은 본문의 정식기록이 아닌 참고 형식으로 나중에 기재한 것이거나, 아니면 본문의 글자 크기보다 작은 크기로 멀찍이 떨어져 기록되어 있습니다. 분명히 이렇게 기록을 한 이유가 있을 것으로 보입니다. 이 부분은 따로 연구가 필요해 보입니다.

아무튼 '큰방'과 '아릿고방'이라는 기록이 있음에도 '큰방상궁'이라는 명칭이 사용되고 있지 않은 점으로 미루어 보면 '제조상궁'이 공식적으로 사용되던 명칭일 가능성이 높다고 하겠습니다.

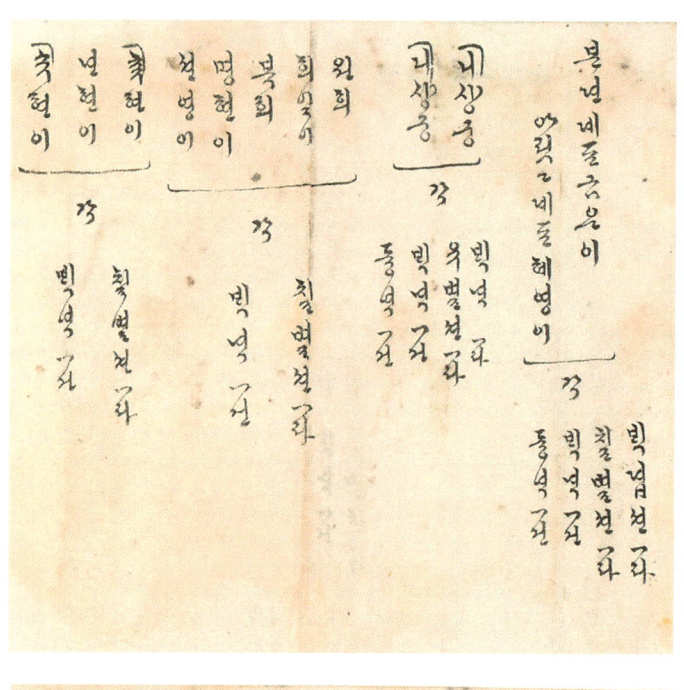

〈하사발기〉 본전과 왕대비전의 제조상궁과 아릿고제조상궁
장서각 소장

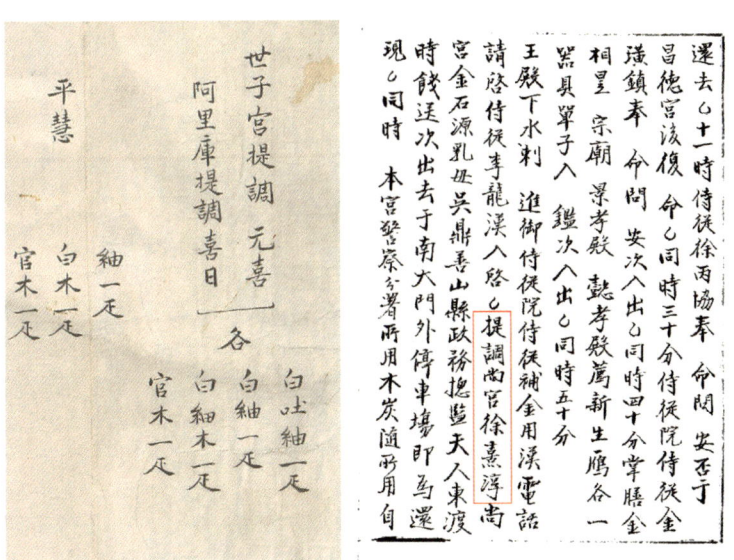

〈하사발기〉 세자궁보모와 아릿고제조

〈1882년 왕세자가례시내인상격발기〉(좌) 제조 원희와 『승녕부일기』(우) 제조상궁 서희순
장서각 소장

15. 왕후의 편지 대필은 언제부터?

지밀내인에 의한 왕후의 편지 대필은 조선 후기 서사상궁과 서기를 설명하면서 많은 언급이 있었습니다. 그런데 서사상궁이나 서기의 대필과 관련된 증언은 모두 20세기에 이루어진 것이며, 대필된 왕후들의 편지 역시 대부분 19세기에서 20세기 초에 제작된 것들입니다. 그러면 도대체 지밀내인들의 대필은 언제부터 시작되었던 것일까요?

이에 대해 대부분의 한글 서예 연구자들은 조선 전기 정희왕후의 수렴청정 때부터 서사상궁이 왕후를 대신해 편지를 대필하고 많은 공문서를 썼을 것이라고 주장합니다. 이 주장은 단행본을 비롯해 석·박사 논문과 여러 학술 논문에서 현재까지도 끊임없이 이어지고 있습니다.[64] 하지만 이에 대한 역사적, 실질적 근거는 그 어디에서도 제시하고 있지 않습니다. 단지 20세기에 이루어진 조선시대 마지막 상궁들의 증언과 1959년에 출판된 책을 근거로 몇 백 년 전인 조선 전기에도 그러했을 것이라고 추정하고 있는 것입니다.

『朝鮮王朝實錄』등 국가 기록물에는 왕후가 수렴청정을 할 당시나 그 외에도 궁녀를 통해 서사를 지시한 내용은 확인할 수 없다. 단지 조선시대 마지막 궁녀들의 口傳을 통해 김용숙이『조선조궁중풍속연구』에서 "지밀의 서사궁녀는 流麗達筆한 뛰어난 글재주로 왕비, 왕대비의 대필을 70~80세까지 일생토록 궁중 件記받기와 조선 문안편지의 대서만 하였다."고 한 것이나 김일근이『李朝御筆諺簡集』에서 "궁중에서 교서, 전교, 서간에 종사하는 서사상궁이 별도로 있게 되었다."는 등을 미루어 볼 때, 조선시대 왕후들의 대서를 지밀 서사궁녀가 맡고 있었음을 알 수 있다.65

20세기의 증언을 조선 전기 정희왕후의 수렴청정 시기(1469~1476)에 그대로 대입해 주장하려면 최소한 이를 입증할만한 사료나 근거를 제시해야 마땅합니다. 그런데 이와 관련된 연구는 물론 인용된 책에 대한 기초적인 검증조차 이루어진 적이 없습니다. 즉 증명되지 않은 주장이 마치 정설처럼 오랜 시간 한글 서예계를 지배하고 있었던 것입니다.

심지어 그동안 이를 지적하는 사람이 아무도 없었습니다. 만약 조선 전기 지밀내인의 대필에 대한 근거가 하나도 없다면 지금까지의 연구가 하루아침에 다 무너질 수도 있는 큰 사안인데도 말이죠. 당장 조선 전기에 지밀내인이 왕후의 편지를 대필했는지에 대해 검증을 해봐야겠습니다. 그동안의 한글 서예 연구가 물거품이 되기 전에 말입니다.

이를 위해 가장 먼저 해야 할 일은 『조선왕조실록』의 기록을 자세히 분석하는 것입니다. 왕후들이 조정에 내린 한글 의지(懿旨)나 편지는 모두 『조선왕조실록』에 정확하게 기록되어 있기 때문입니다.

검증을 시작한 초기에는 기존의 주장처럼 정희왕후를 비롯한 여러 왕후들의 수렴청정시기를 위주로 한글 의지나 편지 관련 기록을 찾아보았습니다. 그런데 오히려 수렴청정 시기에는 왕후들의 한글 사용 기록을 거의 찾을 수 없었습니다. 조선 전기 수렴청정 시기에 많은 공문서를 서사상궁이 썼다는 기존의 주장과 실록의 기록은 정면으로 배치되고 있었던 것입니다.

이때부터 불안감이 엄습해왔습니다. '진짜로 지밀내인의 대필을 확인시켜줄 근거가 실록에 없으면 어떻게 하지?'라는 생각에 머릿속이 복잡해지기 시작했습니다. 마음을 가다듬고 다시 세종 시기부터 천천히 한글 관련 기사를 찾아가던 중 「연산군일기」에서 의미심장한 실록의 기사를 하나 발견할 수 있었습니다.

> 유순 柳洵 ·허침 許琛 ·이집 李諿 ·김수동 金壽童 이, 《실록 實錄》을 상고하여 아뢰기를, "회릉 懷陵 이 폐위당할 때, 언문 글 쓴 자는 내인 內人 이기 때문에 상고할 수 없으며, 《실록》에 오르지 않은 것은 상고할 근거가 없습니다." 66

위 기사는 성종 때 중전의 폐위와 관련해 대비가 한글 의지를 내렸는데67 이 한글 의지를 쓴 사람이 '내인'이기 때문에 알 수 없다고 연산군에게 보고하는 내용입니다. 이 기사를 보고 눈이 번쩍 뜨였습니다. 그토록 찾고 있었던 내용이 바로 눈앞에 있는 나타난 것입니다. 왕후의 한글 의지를 내인이 대필했다는 문구, 즉 '언문 글 쓴 자는 내인'이라는 부분을 몇 번이고 다시 확인했는지 모릅니다. 혹시나 하는 마음에 이와 연관된 『성종실록』의 기록까지 다 살펴본 후에야 확신할 수 있었습니다. 그만큼 간절했나 봅니다. 그리고 한글 의지를 쓴 내인은 대비전의 지밀내인이었을 것은 당연하겠습니다.

또한 위 기사를 근거로 『성종실록』에 나오는 삼전(三殿: 대왕대비 정희왕후와 인수, 인혜 왕대비)과 양전(兩殿: 인수, 인혜 왕대비)을 대표해 나온 언문 의지와 언서는 기본적으로 지밀내인의 대필이라고 봐도 큰 무리는 없어 보입니다.

그렇다면 성종 시기에는 지밀내인의 대필이 이미 관례처럼 이루어지고 있었을 가능성이 매우 높습니다. 아니, 정착되었다고 보는 것이 더 정확할지도 모르겠습니다. 이로 볼 때 대필이 시작된 시기는 성종 이전으로 생각할 수 있으며, 그 이전으로의 소급도 가능해 보입니다.

아쉽게도 연산군 때의 기사 외에 내인이 한글 의지나 편지를 썼다는 기사는 더 이상 찾을 수 없었습니다. 대신 명종 때 내인의 대필을 간접적으로나마 추정할 수 있는 기사 하나를 찾을 수 있었습니다.

『명종실록』 20년 9월 17일 기사에 따르면 대신들과 중전 사이에 명종의 서거 시 후계를 정하는 일로 긴박한 이야기가 오고 갑니다. 중전의 이야기는 주로 전교(傳敎)와 언서(諺書)로 이루어지는데, 이 가운데 유독 한 대목에서만 '중전이 친필(親筆)로 써서 내리기를'이라 하여 친필이라는 단어가 들어가 있습니다.

이 부분을 제외하고는 모두 전교 아니면 '중전이 언서로 답하기를' 또는 '중전이 다시 언서로 전교하기를'이라고 되어 있어 친필과 친필이 아닌 것을 구별하고 있습니다.[68] 즉 언서로 답한 것이나 언서로 전교한 것은 친필이 아니라는 이야기입니다.

『조선왕조실록』의 기록 방식은 매우 철저합니다. 예를 들어 한글로 된 교지나 의지, 문서, 편지, 책 등은 반드시 앞에 '언서'나 '언문'을 붙여 엄격하게 구분해 표기합니다. 이렇게 철저하고 엄격한 실록의 기록 방식으로 볼 때, 친필이라는 명시적 기록이 없는 언서는 중전이 아닌 다른 누군가가 대신 썼다고 보는 것이 합리적입니다. 만약 중전이 언서를 친필로 썼다면 반드시 친필이라 기록했을 것이기 때문입니다. 그렇다면 중전을 대신해 언서를 썼을 그 누군가는 항시 중전 곁에 있을 수 있는 사람, 곧 지밀내인밖에 없습니다.

이처럼 간접적으로라도 내인의 대필을 추정할 수 있는 기사는 선조 이전의 기록에서는 더 이상 찾을 수 없었습니다. 관련된 기록이 조금만 더 있었더라면 하는 아쉬운 생각이 들기도 하지만 한편으로는 두 건의 기록이라도 찾을 수 있었다는 점에서 그나마 참 다행이기도 합니다. 이마저도 없었다면 그동안의 한글 서예 연구 결과물들이 물거품이 되는 아찔한 상황이 발생할 뻔 했습니다.

한글 서예 연구자들 사이에서 정설처럼 여겨지고 있는 조선 전기의 '서사상궁'에 의한 대필과 본문에서 살펴본 지밀내인의 대필 문제는 완전히 다른 별개의 사안이라는 것을 밝힙니다.

조선 전기에 조선 후기와 같이 글씨를 전담하는 '서사상궁'이 존재했었다는 한글 서예 연구자들의 주장은 신빙성이 매우 떨어집니다. 그 까닭은 이를 입증할 만한 연구는 물론 이와 관련된 어떠한 근거도 제시하지 못하고 있기 때문입니다.

그럼에도 불구하고 이러한 주장은 최근까지도 계속 이어지고 있습니다. 여러 논문에서 조선 전기 수렴청정 시기에 많은 공문서를 서사상궁이 썼다고 주장하고 있는 것입니다. 이는 "이조중기 이후로 국문의 생활화가 활발하게 되자 궁중에서도 교서(敎書), 전교(傳敎), 서간(書簡)(주로 문안지)에 종사하는 서사상궁이 별도로 있게 되었다."라고 서사상궁이라는 용어를 처음 사용한 김일근 선생님의 주장과도 배치됩니다.

또한 『조선왕조실록』의 기록과도 전혀 맞지 않습니다. 정희왕후의 수렴청정이 시작된 시기(1469)부터 인순왕후의 수렴청정이 끝나는 시기(1568)까지 약 100년 동안 실록에 나타난 왕후들의 한글 사용 기록은 31건에 지나지 않습니다.69 100년에 31건이면 10년에 평균 3.1건 입니다. 곧 1년에 한 건도 채 안 된다는 말입니다.

더군다나 정희, 문정, 인순왕후의 수렴청정 기간으로만 국한해 살펴보면 더 참담합니다. 정희왕후가 수렴청정을 끝마칠 때 철렴(撤簾)한다는 한글 의지 1건 외에는 다른 왕후들의 한글 의지는 수렴청정 기간 내에 전혀 보이지 않습니다. 특히 "언지(諺旨)정치의 극(極)을 이루었다."70고 평가받는 문정왕후의 수렴청정 기간에도 한글 의지 기록은 전무합니다. 쉽게 설명하면 세 번의 수렴청정을 거치는 동안 공식적인 한글 의지는 딱 1건에 불과하다는 이야기입니다.

수렴청정 기간에 공식적인 한글 문서 작성이 많이 이루어졌어야 그나마 이를 전담하는 내인을 두었다는 주장이 조금이라도 설득력을 얻을 수 있는데 『조선왕조실록』의 기록은 이를 정면으로 부정하고 있는 것입니다.

그동안 '조선 전기 수렴청정 시기에 많은 한글 공문서를 서사상궁이 썼다'는 주장은 20여년 가까이 한글 서예계와 연구자들 사이에서 정설처럼 통용되고 있었습니다. 그럼에도 그동안 한 번의 검증조차 없었다는 사실이 그저 놀랍기만 합니다. 역사적 사실을 일부러 외면한 것인지, 아니면 무신경한 것인지, 그것도 아니면 게으름 때문인지 도무지 이해할 수 없습니다.

『조선왕조실록』 뿐만 아니라 한글 자형의 변천사로 살펴봐도 조선 전기에 서사상궁이 있었다고 볼 수 있는 근거가 하나도 없습니다. 결국 조선 전기에는 조선 후기와 같은 성격의 서사상궁이 존재했다고 보기 어렵습니다.

따라서 조선 전기의 서사 상황을 언급하거나 설명할 때 '서사상궁'이라는 용어를 사용하는 것은 부적절하며, 근거가 나올 때까지 사용을 자제하는 것이 옳다고 하겠습니다.

16. 조선 후기 지밀내인들의 서사 교육은 어떻게?

　서예를 배우러 가면 붓 잡는 법과 붓을 움직여 획을 긋는 법 등을 가장 먼저 배웁니다. 우리가 이야기하는 서예의 기초입니다. 기초과정이 끝나면 대부분 법첩을 선정한 후, 그 법첩에 나오는 자형을 그대로 따라 쓰는 임서를 하게 됩니다.

　임서의 경우 어느 정도 경험이 쌓이고 법첩을 보는 눈이 트이게 되면 어렵지 않지만, 처음 법첩을 마주하는 초보자들에게는 결코 쉬운 일이 아닙니다. 이 때문에 선생님들은 직접 글자를 써서 학습자에게 보여 줍니다. 우리가 체본이라 부르는 것입니다. 체본은 초보자가 처음 접하는 법첩의 글씨를 보다 쉽게 이해하고 배울 수 있으며, 동시에 빠르게 진도를 나갈 수 있다는 장점이 있습니다.

　조선 후기 내인이 쓴 궁체 자료 중 〈서사상궁 글씨본〉이라는 것이 있습니다. 이를 통해 당시 지밀내인들이 어떻게 서사 교육을 받고 있었는지 그 일면을 파악할 수 있습니다. 현재 이 자료는 디지털한글박물관에서 〈서사 궁인의 글씨 연습 자료〉라는 제목으로 이미지가 제공되고 있어 누구나 쉽게 감상할 수 있습니다. 또 디지털이미지로 제공되다 보니 크게 확대해 자세히 볼 수 있어 매우 편리합니다. 한글 서예를 연구하는 이에게 이만큼 감사한 일은 또 없습니다.

〈서사 궁인의 글씨 연습 자료〉를 확대해 살펴보면 똑같은 내용이 두 줄씩 나란히 쓰여 있고, 이런 글줄들이 지면을 꽉 채우고 있는 것을 볼 수 있습니다. 눈썰미가 예리한 분들은 글씨의 형태가 서로 다르다는 것을 금방 눈치 챌 수 있습니다. 즉 한 줄은 일정한 형태의 자형과 획형을 보이는 반면, 다른 줄의 자형은 약간 어설픈 모양을 보이는 것입니다.

이렇게 자형에서 수준의 차이가 나는 이유는 먼저 궁체를 잘 쓰는 선임 내인이 한 줄씩 비워놓고 글자를 써놓으면, 비어있는 줄에 교육을 받는 내인이 옆줄의 글자를 보고 그대로 따라 썼기 때문입니다. 오늘날 서예학원 선생님이 학생에게 체본을 써서 글씨 연습을 시키는 것과 똑같은 방식입니다.

이처럼 체본을 통한 내인의 서사 교육 방식은 선생님인 선임 내인의 글씨와 똑같아 질 수밖에 없습니다. 특히 선임 내인이 써준 자형을 복사하듯 그대로 따라 쓰는 과정에서 기술적 특징까지도 익히게 되므로, 글씨는 더욱 더 똑같아 지게 됩니다. 여기에 궁숭이라는 특수성, 그러니까 일종의 통제와 강제, 그리고 엄격한 교육과정이 더해지면 이 효과는 더욱 커지게 됩니다.

조선의 마지막 상궁 중 한 명이었던 김명길 상궁에 따르면 스승 되는 상궁의 지적에도 글씨가 고쳐지지 않으면 목침에 올라가 종아리를 맞았다고 합니다. 한 번 맞을 때 마다 빨간 줄이 생기면서 눈물을 흘렸다고 할 정도니 궁체 교육이 매우 엄격했었다는 사실을 알 수 있습니다.[71]

사실 이렇게 회초리로 종아리를 맞으면서 배우면 저라도 체본과 똑같이 쓸 수밖에 없을 것 같습니다.

한편, 궁체는 내인이라고 해서 모두가 배울 수 있는 것은 아닙니다. 내인 중에서도 지밀 소속의 내인만 배울 수 있었던 것으로 보입니다.

> 지밀의 유아들이 7,8세가 되면 이제부터 조금씩 내인으로서의 기본적인 교양의 첫걸음이 시작된다. 스승항아님의 지도로 기거동작과 궁중용어를 배우는 한편 글공부도 한다. ……중략……또 한글 궁체 쓰기의 연습도 이때부터 시작해서 관례 후까지도 연장된다.[72]

> 장래 왕의 후궁이 될지도 모르는 지밀 생각시의 경우, 그들의 교양은 동몽선습童蒙先習, 소학小學, 내훈內訓, 열녀전烈女傳서부터 시작하여 궁체 연습까지 다양하다.[73]

위 글을 보면 지밀내인은 어려서부터 궁체 쓰기 교육과 연습을 했다는 사실을 알 수 있습니다. 특히 7, 8세부터 궁체 쓰기 연습을 하기 시작했다고 하니 요즘에는 상상도 못할 일입니다. 김명길 상궁 역시 13세 때 순종효황후 윤씨를 모시는 지밀내인으로 선출된 후 입궁하면서부터 바로 궁체 교육을 받았다[74]고 밝히고 있으며, 『여관제도연혁』에서도 지밀내인이 '서(書)의 정사역(淨寫役)', 즉 글씨를 깨끗이 쓰거나 베끼는 일을 맡고 있다고 기록75되어 있는 것으로 볼 때, 지밀내인이 갖추고 있어야 할 필수 요건 중 하나가 바로 궁체를 잘 쓰는 것이었다고 할 수 있겠습니다.

반면 다른 처소의 내인들은 처소별 주 업무나 임무를 밝히고 있을 뿐, 공식적으로 궁체 쓰기 교육을 받았다는 기록은 어디에도 없습니다. 조선의 마지막 상궁들과 윤백영 여사의 인터뷰에서도 전혀 언급되지 않고 있는 것으로 미루어 지밀을 제외한 내인들의 교육과정에는 궁체 교육이 없었다고 봐도 무방하겠습니다. 다만 각종 발기 등으로 볼 때, 각 처소에서도 별도로 문서를 쓰고 보고해야 할 상황이 상당히 많다는 것을 알 수 있습니다. 이때 처소별로 누군가는 분명 한글로 문서를 작성해 보고했어야 하므로 어느 정도 기본적인 글씨는 쓸 수 있었다고 보여 집니다. 물론 쓰기 연습도 필요했을 것입니다.

또한 침방(針房)과 수방(繡房)의 내인들은 예의범절과 교양을 쌓기 위해 한글과 소학 정도의 교육이 이루어졌다고 하며, 지밀내인에 결원이 생길 경우 이 곳의 내인을 발탁했다76는 것을 고려하면 공식적인 서사교육은 아니더라도 기초적인 교육 정도는 받았을 가능성을 생각해 볼 수 있습니다. 김명길 상궁 역시 "이들은 글을 배우는 것은 아니나 수방나인은 수놓을 밑그림을 그리므로 붓을 잘 놀리고 글씨도 잘 썼다."77고 말하고 있어 이 같은 추정을 가능케 합니다.

여기에 더해 지밀이나 침방, 수방에 소속된 내인들이 일과가 끝나면 개인적으로 따로 궁체 쓰기 연습을 했을 가능성도 배제할 수 없습니다. 또 그들이 머무는 처소에서 함께 글씨 연습을 하거나 혹은 서로 가르치거나 배우는 등 그들끼리 모종의 학습 과정도 있었지 않았나 싶습니다. 왜냐하면 "궁체(宮體)의 명필내인(名筆內人)이 있어 몇 달씩 일부러 글씨를 배우러 가는 내인(內人)들이 있었다."[78]라는 이야기를 조선의 마지막 상궁들이 전하고 있기 때문입니다.

〈 서사 궁인의 글씨 연습 자료 〉
국립한글박물관 소장

〈 서사 궁인의 글씨 연습 자료 〉
국립한글박물관 소장

17. 지밀내인은 왜 그토록 궁체에 진심이었을까?

　서예는 일정 수준에 이르기까지 꽤 오랜 시간이 걸립니다. 그래서 서예 선생님들은 중도에 포기하려는 학생들에게 가능한 목표를 설정해 주고 칭찬과 격려를 끊임없이 해 줍니다. 그리고 때에 따라서는 공모전 출품도 적극 권장합니다. 공모전 준비를 하면서 글씨에 보다 많은 시간과 노력을 기울이게 되고 이를 계기로 스스로 성장의 발판을 만들 수 있기 때문입니다. 또 공모전에서 상이라도 받게 되면 서예를 지속할 수 있는 동력으로 작용하기도 합니다. 동기 부여가 확실히 되는 것이죠.

　조선 후기 지밀내인은 입궁 후 15년 즈음에 관례를 하고 25년에 상궁의 직첩을 받았다고 『여관제도연혁』에 기록되어 있습니다.[79]

　이 기록으로 추산해 보면 지밀내인의 교육이 시작되는 시기부터 관례까지 궁체 쓰기 연습기간은 최소 10년 이상입니다. 게다가 관례 후에도 궁체 연습이 계속된다는 것으로 볼 때, 상궁의 직첩을 받기 전까지 계속 연습을 했을 가능성이 높습니다. 만약 그렇다면 거의 20년 동안 궁체 쓰기 연습을 하게 되는 것인데요. 왜 이렇게 지밀내인은 궁체에 진심이었을까요? 무언가 특별한 이유가 있지 않을까요?

그 이유를 찾아보면 먼저 포상과 관련해 생각해 볼 수 있습니다. 조선 후기 상격발기를 보면 서기에 대한 포상 내역을 확인할 수 있습니다. 그런데 서기의 포상 내역이 지밀의 상궁들과 엇비슷할 정도로 상당히 많습니다. 예를 들어 1894년에 제작된 것으로 추정되는 〈동궁탄일상격발기〉를 보면 서기의 포상내역이 침방 상궁보다도 많습니다. 포상 순위로만 보면 3위에 해당합니다.

〈 동궁탄일상격발기 포상내역 〉

기록 순서	소속	이름/직책	포상내역	포상 순위
1	지밀	하상궁, 안상궁, 니상궁, 디상궁	팔낭듀 이필, 듀 이필, 홍변포 이필, 양사 일필, 백목 이필, 목 삼필, 포 삼필	1
2	지밀	안상궁, 김상궁, 셔상궁, 신상궁, 엄상궁	팔낭듀 이필, 듀 일필, 홍변포 일필, 양사 일필, 백목 이필, 목 삼필, 포 삼필	2
3	지밀	츄현이, 슈현이, 년현이 외	팔낭듀 이필, 듀 일필, 양사 일필, 백목 일필, 홍변포 일필, 목 일필, 포 일필	4
4	지밀	셔긔	팔낭듀 二필, 듀 一필, 양사 一필, 백목 一필, 홍변포 一필, 목 二필, 포 二필	3
5	침방	김상궁 외	듀 一필, 양사 一필, 백목 一필, 홍변포 一필, 목 이필, 포 一필	5

또 〈동궁마마처음릉행하오사상격발기〉을 보면 동궁전 소속이 아닌데도 서역(書役)만으로 왕대비전의 김상궁과 윤상궁이 포상을 받고 있습니다. 결국 서사 능력이 포상과 바로 연결되는 것입니다.

다음으로 포상 외에 직접적인 특혜를 생각해 볼 수 있습니다. 서기 이씨가 좋은 예입니다. 서기 이씨에 대해 『조선조 궁중풍속 연구』에서는 "퇴출내인(退出內人)이 재입궁(再入宮)한다는 것은 그때까지 전례가 없는 특전(特典)이었다는 것이다."[80]라고 하여 파격적인 특혜가 있었음을 이야기하고 있습니다. 퇴출내인의 재입궁을 지켜본 내인들에게는 궁체를 잘 쓰는 능력 하나만 있으면 다시 궁으로 들어올 수 있다는 믿음과 희망을 마음속 깊이 새겨주었을 것은 당연합니다.

이밖에 "궁체(宮體)의 명필내인(名筆內人)이 있어 몇 달씩 일부러 글씨를 배우러 가는 내인(內人)들이 있었다."[81]는 전언(傳言)을 곱씹어 보면 내인들이 궁체 쓰기 능력을 얼마나 중요시했는지 어느 정도 가늠해 볼 수 있습니다. 만약 궁체 쓰기 능력이 그들에게 중요하지 않았거나 또는 포상이나 특혜가 없었다면 굳이 몇 달씩 글씨를 배우러 다녔을 까닭이 없기 때문입니다.

그리고 가장 결정적인 이유로는 제조상궁처럼 최고의 지위에 이르기 위해서는 궁체를 잘 써야만 했기 때문일 것입니다. "봉서는 대부분 제조상궁이 대필했는데 제조상궁이 연로하게 되면 지밀나인 중 글 잘하는 나인이 맡기도 한다."[82]는 김명길 상궁의 증언이 이를 뒷받침합니다. 특히 제조상궁이 연로하게 되면 지밀내인 가운데 글씨를 잘 쓰는 내인이 맡는다는 말은, 반대로 글씨를 잘 쓰면 제조상궁으로 승격할 가능성이 더 높다는 뜻이 내포되어 있기도 합니다. 그렇다면 제조상궁이 되기 위한 필수요건으로 궁체를 잘 쓰는 능력도 분명히 포함되어 있을 것으로 보입니다. 지밀내인들이 왜 그렇게 궁체를 잘 쓰기 위해 노력했는지 알 수 있을 것 같습니다.

 결국 지밀내인들이 궁체 쓰기에 진심인 이유는 위에서 살펴본 여러 이유가 복합적으로 작용했기 때문으로 생각됩니다. 개인적으로도 위와 같은 특혜들이 있었다면 온 마음을 다해 매일같이 궁체 연습에 매진하지 않았을까 싶습니다.

4부

고전 한글 소설과 궁체

18. 궁체의 보고(寶庫)
- 낙선재본 소설

몇 년 전 상당한 인기를 끌었던 '옷소매 붉은 끝동'이라는 TV 드라마가 있었습니다. 주된 내용은 정조와 의빈 성씨의 사랑이야기입니다만 개인적으로는 이 드라마의 여주인공인 의빈 성씨의 궁체에 더 관심을 갖고 지켜봤습니다.

의빈 성씨는 궁체를 상당히 잘 썼다고 알려져 있는데요. 드라마에서도 궁체를 쓰는 장면이 여러 번 등장합니다. 특히 청연, 청선 두 공주와 의빈 성씨, 그리고 드라마에서도 의빈 성씨의 절친으로 나왔던 복연, 영희, 경희가 궁체 흘림으로 필사한 『곽장양문록』이 전해지고 있습니다. 이 책은 현재 서울역사박물관에 소장되어 있습니다.

또 잠깐이지만 드라마 초반부에 영조의 후궁이자 세도세자의 친모였던 영빈 이씨가 등장합니다. 그녀가 궁체 흘림으로 쓴 『여범』이라는 책 역시 이 드라마에서 주요 소재로 다뤄집니다. 『여범』은 현재 일본 동경대 도서관에 수장되어 있는데, 아마도 일제강점기 시대에 유출된 것 같습니다.

이렇듯 영빈 이씨나 의빈 성씨 모두 궁체로 쓴 책을 남기고 있는데요. 이 드라마의 배경이 되는 영·정조시대는 궁체의 완숙기였을 뿐만 아니라 소설이 무척이나 유행하고 있을 때이기도 합니다. 영조는 소설 애호가[83]로 널리 알려져 있으며, 영빈 이씨와 그의 아들 사도세자 역시 소설을 무척이나 좋아했던 것으로 보입니다. 영빈방(暎嬪房)이라는 도장이 한글 소설『무목왕정충록』과『손방연의』에 찍혀있어 영빈 이씨의 장서였음을 알려주고 있으며, 사도세자는 소설 삽화집이라 할 수 있는『중국소설회모본(中國小說繪模本)』을 간행할 만큼 소설을 진심으로 사랑했음을 알 수 있습니다. 또 의빈 성씨가 내인시절에『곽장양문록』을 쓴 것은 두 말할 필요도 없습니다.

특히 순조의 셋째 딸 덕온공주(德溫公主)가 1838년 하가(下嫁)할 때 약 2천여 권의 한글소설을 지참했다는 사후당 윤백영여사의 증언[84]으로 볼 때, 영·정조시대를 거쳐 순조에 이르는 시기 동안 한글 소설이 궁에서 얼마나 사랑을 받고 있었는지 가히 짐작하고도 남습니다.

낙선재(樂善齋)는 순조의 아들 헌종이 1847년 후궁인 경빈 김씨(慶嬪金氏)를 위해 지은 전각입니다. 일제 강점기 때 연경당에서 소장하고 있던 서적들을 낙선재로 옮기게 되었는데 이때 많은 한글 소설들이 낙선재에 모이게 되었습니다. 그래서 오늘날 이 소설들을 '낙선재본 고전 한글 소설' 또는 '낙선재본 소설'이라고 통칭해 부릅니다.[85]

창덕궁 낙선재
국가유사청 사진

낙선재본 소설은 현재 총 2199권이 전하고 있습니다.[86] 여기서 주목해 봐야 할 부분은 거의 모든 소설들이 궁체로 필사되어 있다는 점입니다. 특히 2199권 중 동일 자형과 일용서체[87]로 필사된 몇몇 소설들을 제외하면 다양한 궁체 자형을 볼 수 있어 놀라움을 금치 못합니다. 그야말로 '궁체의 보고(寶庫)'인 것입니다.

대부분의 학자들은 이 방대한 양의 소설을 궁체로 필사한 필사자들로 내인을 지목하고 있습니다. 이것은 어떻게 보면 당연한 일이라 하겠습니다. 왜냐하면 세책본을 제외한 궁중 제작본의 경우 궁체의 자형이나 운필법 등의 특징으로 볼 때, 지밀내인이 썼다고 볼 수밖에 없기 때문입니다.

궁중 궁체와 민간 궁체는 기본적으로 붓을 움직이는 법, 즉 운필법이 달라 획의 형태에서 차이를 보입니다. 쉽게 말해 지밀내인의 궁체와 민간에서 쓰는 궁체의 획형이 다르다는 것이죠. 오랜 시간 체계적인 연습으로 다져진 지밀내인의 궁체가 민간과 똑같다면 그것이 더 이상한 일이 아닐까요.

낙선재본 소설은 방대한 양을 자랑하는 만큼 지금껏 세상에 알려지지 않은 궁체관련 사항들은 물론 그 안에 숨겨진 정보들도 많습니다. 그 가운데 가장 먼저 소개하고 싶은 것은 소설 속 다양한 궁체의 모습들입니다.

그동안 우리가 알고 있는 궁체는 극히 일부에 지나지 않았다는 사실을 말하려는 듯 낙선재본 소설에 나오는 궁체는 정말 각양각색입니다. 처음 보는 낯선 자형과 획형 앞에서는 이런 궁체도 있었나 싶을 정도입니다. 일례로 〈범문정충절언행록(范文正忠節言行錄)〉이라는 소설의 권20에 나오는 궁체는 부드럽고 유려하다는 세간의 평을 무색하게 만듭니다. 마치 추사체 한글버전을 보는 듯 각지고 강한 궁체를 보여주고 있는데요. 지금껏 가지고 있던 궁체에 대한 모든 관념이나 생각 등이 편견에 불과하다는 것을 보여 줍니다.

강건한 궁체 자형 외에도 연면흘림처럼 기존의 궁체 서사법과는 다른 차별화된 서사법을 사용하고 있는 궁체도 있습니다. 이 때문에 기존 궁체 분류 체계를 개편하고 새롭게 궁체 분류 체계를 정립해야 했을 정도입니다.

이 뿐만 아닙니다. 방대한 양을 자랑하는 낙선재본 소설인 만큼 많은 자형들을 비교 분석해 필사시기와 같은 숨겨진 중요한 정보를 캐낼 수도 있습니다. 낙선재본 소설들의 필사시기를 알아내거나 유추

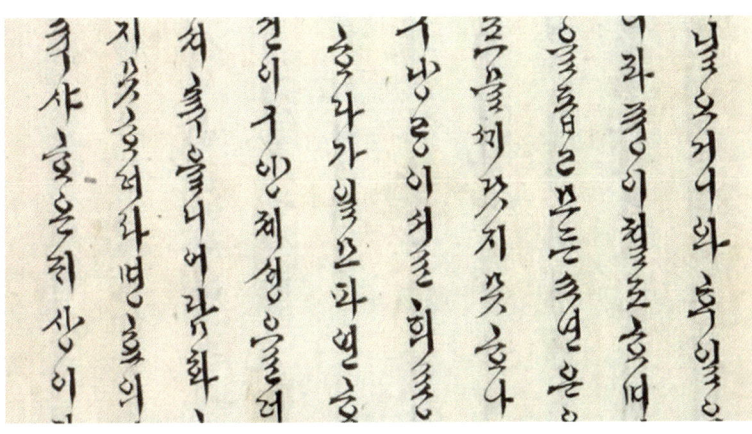

『범문정충절언행록』 권3 일부
장서각 소장

할 수 있다는 사실은 한글 서예는 물론 한글 서예사적으로 매우 중요합니다. 소설의 필사시기를 알 수 있다면 궁체의 시기별 특징도 파악할 수 있기 때문입니다. 더불어 그동안 베일에 쌓여있던 낙선재본 소설 필사자들에 대한 여러 정보들 또한 궁체의 자형 분석을 통해 일정 부분 밝혀낼 수 있습니다.

이처럼 낙선재본 소설 필사에 사용된 다양한 궁체는 예술적인 면뿐 아니라 학문적으로도 매우 중요합니다. 그리고 이 모든 것은 처음부터 낙선재본 소설이라는 궁체의 보고(寶庫)가 없었다면 불가능한 일이기도 합니다.

하지만 아쉽게도 낙선재본 소설에 나타난 궁체 연구는 아직까지 제대로 이루어지지 않고 있는 실정입니다. 물론 2000권이 넘는 방대한 양의 궁체를 모두 연구한다는 것 자체가 매우 힘들고 고된, 어떻게 보면 굉장히 무리한 일이라는 것을 너무나도 잘 알고 있기에 탓할 수만은 없지만 그래도 아쉬움은 감출 수 없습니다. 그동안 한글 서예 연구자들이 낙선재본 소설 서체 연구를 등한시 했다는 사실 만큼은 부인할 수 없기에 그렇습니다. 특히나 한글 서예와 낙선재본 소설이 떼려야 뗄 수 없는 관계라는 사실을 고려하면 더더욱 그렇습니다.

앞으로 한글 서예를 연구하는 연구자들이 조금 더 깊은 애정과 관심을 갖고 필요한 연구를 해주었으면 좋겠습니다. 아직 궁체의 보고 (寶庫)에서 꺼내지 못한 보물들이 하나 가득 있기 때문입니다.

19. 낙선재본 소설의 북 디자인
- 침자리가 뭐죠?

낙선재본 소설의 서체 연구를 하려면 옛 책의 장정(裝幀)과 관련해서도 기본적으로 파악하고 있어야 합니다. 장정을 통해서도 궁체와 관련된 중요한 사실들을 알 수 있기 때문입니다.

우선 장정이라는 단어 자체가 굉장히 낯설고 생소할 것으로 생각됩니다. 학자나 전문가 외에는 별로 사용하지 않는 단어인데요. 쉽게 북 디자인(book design)이라고 생각하시면 됩니다. 북 디자인은 크게 표지와 내지(본문) 디자인으로 나눌 수 있는데, 이는 옛날이나 지금이나 똑같습니다.

그러면 먼저 표지 디자인부터 살펴볼까요. 아래『옥원중회연』, 『낙성비룡』,『청백운』표지를 보면 세 소설 모두 표지가 똑같은 형식을 가지고 있다는 것을 알 수 있습니다. 왼쪽 상단에 제일 큰 글자 크기로 소설제목이 쓰여 있고, 바로 밑에 작게 해당 권수를 표기해 놓았습니다. 그리고 오른쪽 하단을 보면『옥원중회연』이 共二十一, 『낙성비룡』共二,『청백운』共三十一 이라고 표기되어 있습니다. 이

것은 책이 모두 몇 권으로 되어있는지 총 권수를 나타내는 것으로 『옥원중회연』이 21권, 『낙성비룡』은 2권. 『범문정충절언행록』은 총 31권으로 이루어진 책이라는 것을 알 수 있습니다.

또 책을 실로 엮어 만드는 방식을 선장(線裝)이라 하는데, 책 표지 오른쪽에 송곳으로 5개의 구멍을 뚫어 실로 엮은 것을 볼 수 있습니다. 이를 오침선장(五針線裝)이라고 합니다. 낙선재본 소설은 모두 오침선장으로 되어 있습니다. 책을 엮는 실의 색깔도 중요합니다. 궁중에서 제작된 책은 기본적으로 붉은색 실을 사용하는 것으로 알려져 있습니다. 다만 책이 오래되다보니 실의 색깔이 바래 본래 무슨 색이었는지 가늠하기 힘든 경우도 종종 있습니다.

그리고 표지를 넘기면 아무것도 적혀있지 않은 빈 종이가 한 장 나옵니다. 이를 공격지(空隔紙)라고 합니다. 공격지는 본문이 시작되기 전과 본문이 끝난 후 보통 한 장 정도 삽입되어 있으나, 때에 따라서 『옥원중회연』처럼 앞쪽에 두 장이 삽입되어 있는 경우도 있습니다. 공격지는 주로 궁중에서 제작된 책에서 볼 수 있어 궁중본의 특징이라 할 수 있습니다. 때문에 공격지의 유무를 통해 궁중본과 민간본을 구별하기도 합니다.

낙선재본 소설은 거의 모두 공격지가 있습니다. 이는 궁중본 뿐만 아니라 민간에서 제작되어 궁중으로 들어온 세책본도 마찬가지입니다. 다만 앞뒤 모두 공격지가 있는 것이 아닌 앞이나 뒤 어느 한쪽에만 공격지가 있는 소설들도 상당히 많이 볼 수 있습니다. 또 공격지가 인위적으로 훼손된 소설도 있습니다. 예를 들어 『공문도통』은 앞

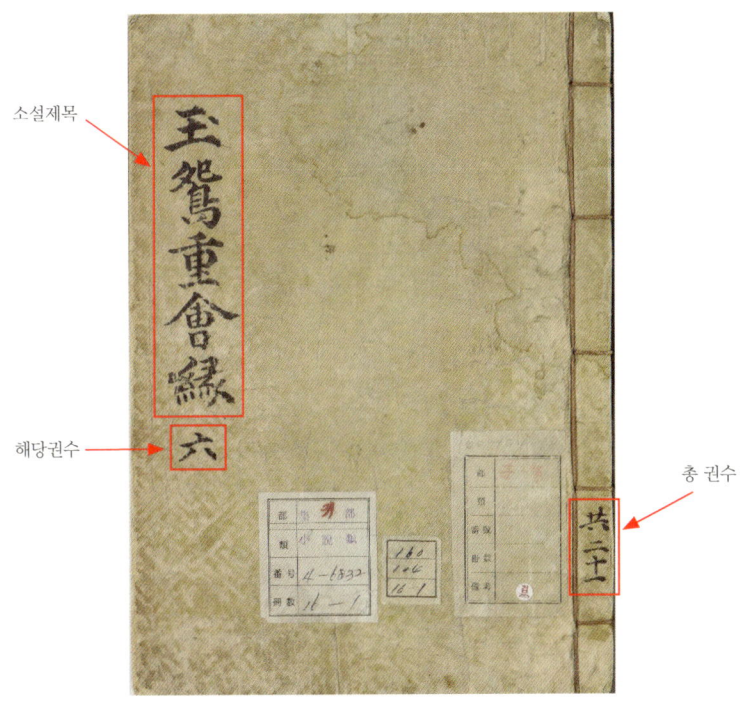

『옥원중회연』 표지
장서각 소장

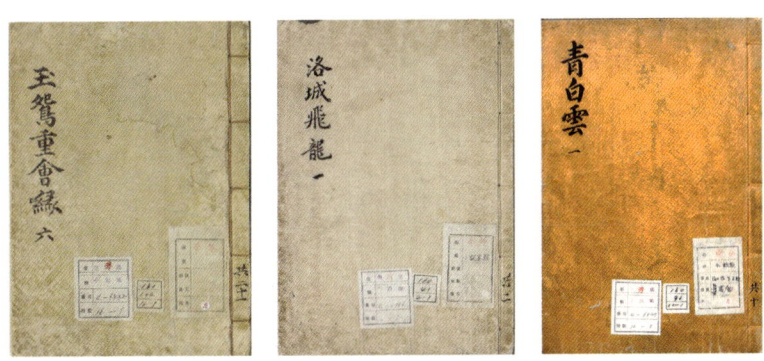

장서각 소장

 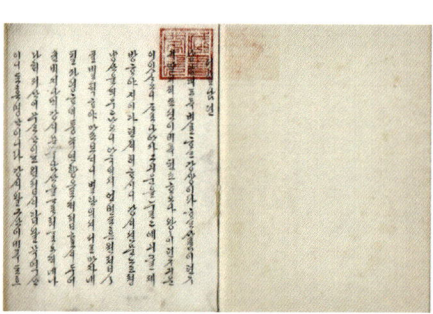

『옥원중회연』 공격지　　　　　『이언총림』 공격지 훼손부분
장서각 소장

표지 쪽에는 공격지가 없는 반면, 뒤표지 쪽에는 공격지 한 장이 삽입되어 있으며, 『이언총림(명일남전)』은 뒤표지 쪽 공격지는 2장이나 있으나, 앞표지 쪽 공격지는 누군가에 의해 찢겨진 것을 확인할 수 있습니다. 자세히 확인하지 않으면 공격지가 없는 것으로 여길 수도 있습니다.

　본문은 책 제목과 해당 권수를 쓰는 것으로부터 시작됩니다. 때때로 다음 행에 소제목이 추가되는 경우도 있는데, 이때는 공격지에 목차를 미리 적어 놓기도 합니다. 『청백운』이 좋은 예입니다.

　본문의 행수는 8~13행까지 소설마다 다른데 대부분 10행 내외가 가장 많습니다. 또 예외적으로 필사자 교체에 따라 행수가 급변하는 사례도 볼 수 있습니다.

『청백운』 본문 제목과 소제목
장서각 소장

 본문은 전체적으로 네모난 틀 형태를 유지하기 위해 행의 윗줄과 아랫줄을 맞추려 노력하고 있습니다. 그런데 행의 윗줄을 맞추는 것은 쉽지만 아랫줄을 맞추는 것은 매우 힘들고 어려운 일입니다. 특히 아랫줄은 아무리 철저히 계산을 하고 써도 맞추기 어렵습니다. 그럼에도 불구하고 낙선재본 소설의 필사자들은 그 어려운 일을 해내고 있습니다. 『청백운』은 그 중에서도 최고라고 생각합니다. 마치 컴퓨터의 편집 프로그램을 사용한 것처럼 위아래 줄은 물론 행간의 간격까지도 완벽하게 맞추고 있습니다. 어떻게 이렇게 쓸 수 있는지 놀라움을 넘어 경이롭기까지 합니다.

 본문 디자인에서 가장 특이하고 주목해봐야 할 부분이 바로 침자리입니다.(침자리라는 용어는 공식 용어는 아니지만 일반적으로 통용되고 있는 용

『보은기우록』 침자리

장서각 소장

『청백운』 침자리

장서각 소장

어입니다.) 침자리는 책을 양면으로 펼쳤을 때 오른쪽과 왼쪽 아래 끝 부분을 1~3글자 정도 쓰지 않고 비워놓아 빈 공간을 만들어 놓은 곳을 말합니다. 책장을 넘길 때 손가락이 글자를 훼손하는 것을 방지하는 역할을 하는 것으로, 대부분 삼각형이나 사각형 모양의 빈 공간 형태를 보입니다.

지금까지 침자리는 민간본이나 세책본에서 주로 사용되는 특징이라고 알려져 왔습니다. 이 때문에 침자리가 있느냐 없느냐로 궁중본과 민간본을 판단하기도 했습니다. 그런데 『청백운』처럼 궁중본 소설에서도 침자리가 나타나고 또 사용되고 있는 것을 볼 때, 침자리가 민간본이나 세책본만의 특징이라고 할 수만은 없을 것 같습니다.

본문에 나오는 인용문은 행의 첫 글자보다 1~2자 정도 내려서 시작을 합니다. 이는 오늘날의 들여쓰기와 똑같은 방식입니다. 들여쓰기 외에 인용문의 서체도 같이 변화를 주는 사례도 심심치 않게 볼 수 있습니다. 예를 들어 『무목왕정충록』을 보면 한시(漢詩:사(詞))를 인용한 부분에서 들여쓰기는 물론 서체를 본문의 '흘림'과 전혀 다른 '정자'로 쓰고 있습니다. 특히 한자음은 정자로 크게 쓰고, 해석은 밑에 작은 글씨로 본문과 같은 '흘림'으로 쓰고 있는데, 이렇게 한자음과 그 밑의 해석문을 다른 서체로 써서 구별하는 방식은 낙선재본 소설뿐만 아니라 다른 문헌에서도 자주 보이는 방식이기도 합니다.

마지막으로 표지 디자인에서 못다 한 중요한 이야기를 하나 해볼까 합니다. 낙선재본 소설의 표지 디자인은 특정 시기에 이르러 큰 변화를 보입니다.

『무목왕정충록』 인용문의 들여쓰기와 서체변경
장서각 소장

　국문학계에는 1884년 이종태(李鍾泰)가 고종의 칙명을 받아 문사 수십 명을 동원해 중국 소설 근 백종을 번역했다는 '이종태 번역설'이 있습니다. 대표적인 소설로 『홍루몽(紅樓夢)』을 꼽는데요. 『홍루몽』의 표지 디자인은 그 이전의 소설들에서 보이는 표지 디자인과 확연한 차이를 보입니다. 우선 표지 제목이 표지에 직접 쓰는 방식에서 검정색 테두리가 그려진 다른 종이에 제목을 써서 붙이는 제첨(題簽) 방식으로 바뀌었습니다. 또 우측 상단에 정사각형 형태의 별지를 덧붙여 총 권수와 해당 권수를 표기하는 이전과 다른 새로운 디자인 형식을 보이고 있습니다. 이러한 표지형식은 『홍루몽』뿐만 아니라 『진주탑』, 『후홍루몽』, 『요화전』 등 여러 소설들에서 사용되고 있는 것을 볼 수 있어 당시 표지 디자인의 대대적인 변화를 확인할 수 있습니다.

표지 디자인의 뿐만 아니라 표지 제목의 글씨도 큰 변화를 보입니다. 이전 글씨가 획이 두텁고 향세(向勢)를 사용하여 '안진경체' 계열의 서풍을 따르고 있다면, 새로운 표지 디자인의 제목 글씨는 획이 얇아지고 배세(背勢)를 사용하여 '구양순체' 계열의 서풍을 보이고 있습니다. 그야말로 정반대의 글씨체를 보이고 있는 것입니다.

이밖에도 『홍루몽』의 표지 디자인과 비슷하나 약간의 차이를 보이는 소설도 있습니다. 『속홍루몽(續紅樓夢)』이 좋은 예로, 표지 제목은 제첨방식으로 같으나 제첨 하단 끝부분에 총 권수를 표기하고 있습니다. 별지로 총권수과 해당 권수를 표기하고 있었던 『홍루몽』의 표지와 차이를 보이고 있는 것입니다. 하지만 제목의 서체가 구양순체로 동일할 뿐더러, 제첨에 검정색 테두리가 그려진 디자인 역시 똑같아 『홍루몽』에서 파생된 표지 디자인이라고 할 수 있습니다. 동시대의 표지 디자인이라고 볼 수 있는 것이죠.

지금까지 낙선재본 소설의 표지와 내지 디자인을 살펴봤습니다. 그 중에서도 특히 표지 디자인을 통해 제작 년대를 추정할 수 있다는 사실에 주목해 봐야 합니다. 궁체 연구에 있어서 매우 중요한 사항으로, 이를 통해 궁체의 필사시기를 추정하거나 유추할 수 있기 때문입니다. 예컨대 『홍루몽』과 동일한 표지 디자인을 보이고 있는 소설들은 모두 같은 시기, 그러니까 1884년이나 그 무렵에 필사되었을 것입니다.

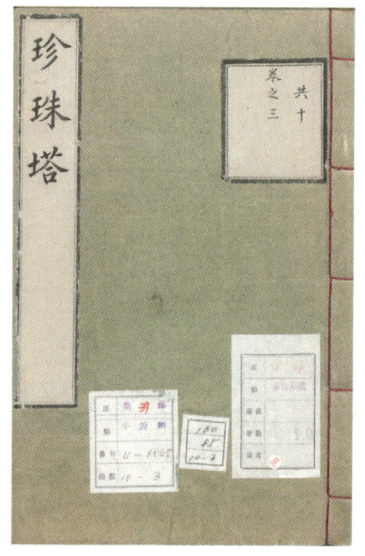
『진주탑』

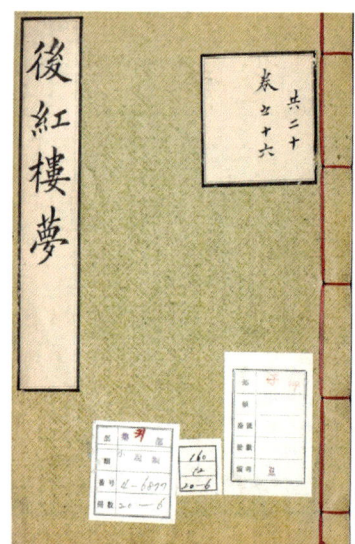
『후홍루몽』

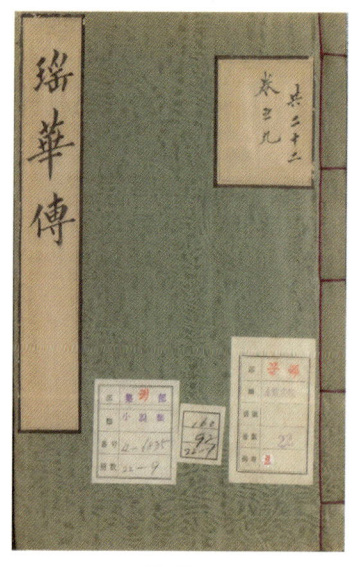
『요화전』

『속홍루몽』

장서각 소장

따라서 이 소설들에 나타난 궁체 자형들을 다른 소설들의 자형과 비교 분석해 이와 유사한 자형을 가진 소설들을 찾아낸다면, 그 소설들의 필사시기 역시 손쉽게 알아 낼 수 있습니다. 또 책 한권에 한 명 이상의 필사자, 즉 둘 이상의 자형이 있는 책이라면 더욱 더 그 폭이 넓어지게 됩니다. 쉽게 말해 동일시기에 필사된 궁체 자형 표본이 많아지는 것으로, 이를 통해 더 많은 소설들의 자형을 비교 검토할 수 있습니다. 마치 꼬리에 꼬리를 물듯이 필사시기를 추적해 나갈 수 있는 것이죠.

뿐만 아니라 소설의 필사시기 추정이 가능하다면 시대별 궁체의 특징도 추출해 낼 수 있습니다. 하지만 안타깝게도 이와 관련된 연구는 지금까지 진행된 바 없습니다. 앞으로 많은 관심과 연구가 필요해 보입니다.

참고로 낙선재본 소설 가운데 가장 화려한 표지 디자인으로 『후수호전』[88]을 꼽을 수 있습니다. 꽃과 나비 등을 채색해 그려 넣은 표지는 보는 이로 하여금 입을 다물지 못하게 만듭니다. 이렇게 책 표지에 화려한 채색 그림을 넣은 소설은 낙선재본 소설 중에서 『후수호전』이 유일하다고 할 수 있습니다. 이정도로 정성을 다해 만들었다면 분명 왕실의 높은 위치에 있는 분을 위해 만들지 않았을까 생각됩니다.

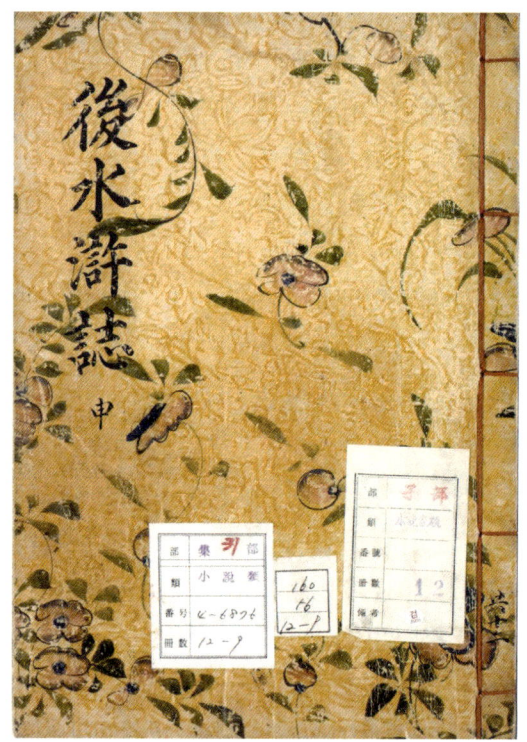

『후수호전』 표지
장서각 소장

낙선재본 소설들이 오래되다 보니 표지 장정이 낡아 해어지거나 훼손되어 이를 수리 한 사례들을 종종 볼 수 있습니다. 그런데 표지 장정이 훼손되는 바람에 오히려 필사시기를 유추할 수 있는 뜻밖의 행운과 같은 사례도 있습니다. 바로 「손천사영이록」(K4-6825)인데요. 「손천사영이록」을 보면 권지일의 뒤표지 면지가 떨어져 영자신문과 일본신문, 족보 등이 표지 배접에 사용되고 있는 것을 볼 수 있습니다.

조각난 영자신문 내용 가운데 'dent Roosevelt'라는 단어가 확인이 됩니다. 'dent'는 대통령을 뜻하는 'president'라는 단어로 보이며 이를 토대로 단어를 완성해 보면 'president Roosevelt'가 됩니다. 미국의 'Roosevelt' 대통령은 26대 '시어도어 루스벨트(재임 1901~1907)'와 32대 '플랭크린 D. 루스벨트(재임 1933~1945)'가 있으므로 이들 대통령의 재임 시기를 모두 더해보면 1901~1945년까지가 됩니다.

따라서 「손천사영이록」이 장정된 시기는 1901에서 1945년 사이로 우선 추정해 볼 수 있습니다. 다만 당시 대한제국의 궁중 상황을 고려해 보면 「손천사영이록」은 '시어도어 루스벨트' 대통령 재임시기인 1901~1907년 사이에 장정되었을 가능성이 매우 높습니다.

마찬가지로 「손천사영이록」의 필사 역시 1901~1907년 사이에 이루어졌을 것으로 생각됩니다. 본문에 사용된 궁체 자형이 고전 궁체에서 현대 궁체로 넘어가는 과도기적인 특징을 보이고 있으며, 이 시기에 제작된 발기의 궁체 정자 자형들과 비교했을 때 자형이나 획형에서 서로 유사성을 확인할 수 있기 때문입니다.

20. 지밀내인들의 소설 필사와 서사계열의 형성

궁체를 배우고 익히는 과정은 더디고 힘든 과정을 거쳐야 합니다. 기초 단계만 수개월 정도 걸리고 숙련 단계에 올라서기까지는 최소 일 년 이상의 시간이 필요합니다. 이 수련의 과정에서 가장 큰 영향을 미치는 것이 교육 방식입니다.

대부분 서예를 가르치는 곳에서는 도제식 교육으로 가르칩니다. 체본을 써주는 방식이 대표적이죠. 체본은 선생님의 글씨를 따라 쓰는 과정에서 자형과 운필법 등을 그대로 체득하게 됩니다. 그리고 같은 선생님 밑에서 배운 제자들은 자신들도 모르는 사이에 선생님과 동일한 자형과 서사법을 갖게 됩니다. 이 때문에 서예계에서는 각 서예가들의 글씨를 따르는 계열들이 형성되어 있습니다. 쉽게 말해 서실별 또는 서가별 계파가 만들어지는 것입니다. 무협지에 나오는 소림파, 무당파, 화산파처럼 말이죠.

조선 후기 지밀내인들의 궁체 교육 역시 도제식으로 이루어지고 있었음은 이미 살펴본 바와 같습니다. 특히 궁체 연습과정을 엿볼 수 있는 〈서사상궁 글씨본〉을 통해 오늘날 체본과 같은 방식으로 궁체를 가르치고 배웠다는 것을 알 수 있습니다. 결국 이러한 교육방식은 궁체를 가르친 선임 내인과 궁체를 배우는 내인들 사이에 동일한 서사 특징을 공유하는 하나의 서사 집단으로 발전하게 됩니다. 선임 내인을 필두로 하나의 서사계열이 형성되는 것이죠. 도제식 서사 교육의 필연적 결과물인 셈입니다.

이와 같은 서사계열 형성은 낙선재본 소설을 통해 확인할 수 있습니다. 낙선재본 소설은 단편 소설도 있지만 대부분은 상당한 분량을 갖추고 있는 장편소설들입니다.[89] 그 중에는 180권에 달하는 『완월회맹연』이나 120권의 『홍루몽』, 100권의 『명주보월빙』같은 거대한 분량을 자랑하는 소설도 있습니다.(사실 이 정도 분량이면 읽는 것이 더 고통이 아닐까 싶기도 합니다.)

거질(巨帙)의 장편소설들을 필사하려면 한 두 명의 필사자로는 어림도 없습니다. 적어도 여러 명에서 십 수 명의 필사자가 동원되거나 참여해야 가능합니다. 이를 증명하듯 낙선재본 소설들을 보면 한 권 안에서도 다수의 필사자가 필사에 참여하고 있는 것을 볼 수 있습니다. 예를 들어 『옥원중회연』 권19 같은 경우 필사자 6명이, 『위씨세대록』 권1은 세 명의 필사자가 서로 교대해 가며 필사했음을 자형 비교 분석을 통해 확인할 수 있습니다.

또 『명주보월빙』의 경우 한 권당 평균 3~4명, 많게는 6명 이상의 필사자들이 필사에 참여한 것으로 보입니다. 권당 이정도의 필사자들이 참여했다면 전체 필사자는 훨씬 더 많았을 것은 당연합니다. 그

『범문정충절언행록』 권23 32면 일반 흘림 자형

『범문정충절언행록』 권23 33면 각진 자형
장서각 소장

런데 특이한 점은 책 전반에 걸쳐 운필의 속도나 자형과 획형의 특징 등이 처음부터 끝까지 일관되게 이어지고 있다는 사실입니다. 그것도 무려 1권에서부터 100권까지 말입니다. 이것은 필사에 참여한 필사자들이 동일한 서사법을 갖고 있지 않다면 불가능한 일입니다. 이로 볼 때 필사자들 모두 같은 서사계열이라는 것을 알 수 있습니다. 즉 하나의 서사계열이 『명주보월빙』을 도맡아 필사를 진행한 것입니다.

　이 뿐만 아니라 소설 필사에 서로 다른 서사계열이 동시에 참여한 예도 있습니다. 대표적으로 『범문정충절언행록』을 들 수 있습니다. 이 소설은 크게 3가지 형태의 궁체 자형을 볼 수 있습니다. 첫 번째는 기필이나 획의 방향이 전환되는 곳의 형태가 각지고 예리한 특징을 보이는 자형이며, 두 번째는 우리가 알고 있는 일반적인 궁체 흘림 자형, 그리고 마지막 세 번째는 연면흘림으로 권18에만 사용되고 있습니다. 이 가운데 각진 자형으로 필사된 권수는 21권, 일반 흘림 자형으로 필사된 권수는 9권으로 두 자형으로 필사된 권수마다 다수의 필사자들이 필사에 참여하고 있는 것을 확인할 수 있었습니다. 즉 서로 다른 자형을 사용하는 두 개의 서사계열이 필사에 참여하고 있는 것입니다. 여기에 연면흘림으로 된 권18을 더하면 서사계열은 총 3개로 불어납니다.

　정리하면 『범문정충절언행록』 31권 가운데 각진 자형을 사용하는 서사계열이 21권을, 일반 흘림 자형을 바탕으로 하는 서사계열이 9권을, 연면흘림을 사용하는 서사계열이 마지막 1권(권18)을 필사한 것입니다.

　그리고 중요한 사실이 하나 더 있습니다. 그것은 『범문정충절언행록』 권23에 각진 자형과 일반 흘림 자형이 같이 나온다는 사실입니다. 심지어 앞뒷면에 차례로 나옵니다. 이는 서로 다른 서사계열의 필사자들이 동시에 하나의 소설 필사에 참여하고 있었다는 것을 직접적으로 보여주는 예라고 할 수 있습니다. 이 부분에 대해서는 추측이나 추정만 하고 있었을 뿐 마땅히 제시할만한 근거나 예가 없었습니다. 하지만 이제는 『범문정충절언행록』을 통해 이를 입증할 수 있게 된 것입니다.

　서사계열들이 필사에 참여한 사례는 『범문정충절언행록』 외에도 여러 소설들에서 확인할 수 있습니다. 특히 『쌍천기봉』같은 소설에는 무려 4개의 서사계열이 필사에 참여하고 있는 것을 볼 수 있습니다.

　지금까지 지밀내인들의 서사계열 형성은 물론 서사계열의 소설 필사가 어떻게 이루어졌는지 간략하게 살펴봤습니다. 이러한 사실들은 모두 낙선재본 소설의 궁체 자형 연구를 통해 새롭게 밝혀낸 것으로, 2000여권이 넘는 낙선재본 소설이 아니었다면 지밀내인들의 서사계열에 관한 사항들은 영영 밝혀낼 수 없었을지도 모릅니다. 오직 낙선재본 소설이기에 때문에 가능하지 않았나 싶습니다. 다시 한번 낙선재본 소설이 한글 서예 연구에 미치는 영향과 중요성을 깨닫게 됩니다.

지금까지 도제식 교육 방식과 체본의 장점만 이야기한 것 같아 이들의 단점도 이야기 해 볼까 합니다.

현대 서예의 도제식 교육, 그 중에서도 체본을 받아 그대로 따라 쓰는 교육 방식은 취미생활이 아닌 예술을 영위하는 서예가가 되려는 사람에게는 독(毒)이 되는 일이기도 합니다. 왜냐하면 '세 살 버릇 여든까지 간다.'는 속담처럼 한번 익힌 선생님의 글씨는 그 굴레에서 쉽사리 벗어날 수 없기 때문입니다. 글씨를 쓰는 호흡까지 선생님의 방식을 그대로 체득했다면 더더욱 그렇습니다.

특히 체본으로 다져진 글씨로 나름의 작품을 만들어 개인전을 열었다 해도 자신의 이름보다 'ㅇㅇ선생 제자' 또는 'ㅇㅇ선생 글씨'라는 평이 앞서 나올 수 있습니다. 제아무리 개인의 타이틀을 내세웠더라도 말이죠. 단체전이나 공모전도 마찬가지입니다. 게다가 체본으로 인해 선생님의 글씨와 똑같다 보니 언제든 아류나 표절의 논란에 휩싸일 수 있다는 점은 작가에게 불안요소이자 큰 리스크입니다.

그리고 훗날 글씨가 숙련되고 자신만의 글씨를 찾고자 할 때는 지금까지 글씨 공부에 투입된 몇 배의 시간과 노력을 필요로 하고 또 들여야 합니다. 그렇게 노력한다 해도 자신만의 글씨 찾기에 성공할 수 있을지 장담할 수 없습니다. 그만큼 벗어나기 힘든 것이 체본으로 습득한 글씨인 것입니다. 조금 더 직설적으로 이야기하면 선생님의 글씨에서 평생토록 벗어날 수 없을지도 모릅니다. 자신만의 글씨를 쓰는 것이 아예 불가능할 수도 있다는 말입니다.

이처럼 예술을 업으로 삼는 서예가에게 체본을 통한 도제식 교육의 단점은 생각보다 치명적이고 무섭다고 할 수 있습니다.

21. 서사능력의 차이
- 지밀내인들이라고 해서 모두 궁체를 잘 쓰는 것은 아닙니다

중국 위진남북조시대의 유견오(庾肩吾)라는 사람이 지은 『서품(書品)』이라는 책이 있습니다. 『서품』은 역대에 이름을 떨친 서예가를 선정해 글씨 잘 쓰는 순서대로 9품으로 분류해 놓은 책으로, 후대의 서예 품평과 감상에 막대한 영향을 주었습니다. 이렇게 품제를 나누는 품평방법은 동양의 문예비평을 대표하는 방법으로 자리매김하고 있습니다. 그러고 보니 우리나라의 수능도 9등급으로 분류하고 있네요.

궁체의 보고인 낙선재본 소설은 2000권이 훌쩍 넘는 방대한 양을 자랑하는 만큼 필사에 많은 인력이 참여했을 것은 당연합니다. 물론 『청백운』처럼 필사자 한 명이 10권 모두를 도맡아 필사한 예도 있으며, 반대로 『옥원중회연』 권19처럼 한 권에 6명 이상의 필사자들이 필사에 참여한 경우도 있습니다. 하지만 대부분의 소설들은 한 권당 평균 3~5명 정도의 필사자들이 필사에 참여하고 있는 것으로 파악됩니다.

『구래공정충직절기』 권7 31면
장서각 소장

    이처럼 여러 명이 필사에 참여한 경우 필사자들의 서사 능력이 모두 일정 수준 이상이었으면 좋았겠지만 실상은 그렇지 못합니다. 필사자들의 서사 능력에 따라 한 권 내에서도 궁체의 완성도는 물론 서사 수준에서 큰 차이를 보이는 소설들이 꽤 있기 때문입니다. 예를 들어 『구래공정충직절기』 권7의 경우 과연 궁체를 배웠을까라는 의심이 들 정도의 필사자와 서사상궁처럼 궁체를 정말 잘 쓰는 필사자가 분량을 나누어 필사하고 있는 것을 볼 수 있습니다. 이 때문에 책의 전반부와 후반부의 글씨 수준이 확연한 차이를 보입니다.

    더 특이한 점은 서사 능력이 한참 떨어지는 필사자와 서사 능력이 최고인 필사자가 항상 짝을 이뤄 필사를 한다는 것입니다. 이러한 『구래공정충직절기』의 필사자 조합은 다분히 의도적이라고 볼 수밖에 없습니다.

　이밖에도 많은 낙선재본 소설들에서 서사 능력의 편차를 볼 수 있습니다. 즉 궁체 서사능력이 ①최고 수준에 이른 필사자와 ②일정 수준 이상에 있는 필사자, 그리고 ③중간 수준의 서사 능력을 보이는 필사자, ④궁체 학습 과정에 있는 것으로 보이는 필사자, ⑤궁체를 아예 쓸 줄 모르는 필사자까지 필사자들마다 서사 능력에 편차를 보이고 있는 것입니다.

　이러한 서사 능력의 편차는 낙선재본 소설 필사에 다양한 서사 능력을 가진 필사자들이 참여하고 있었음을 직접적으로 보여주는 예라고 할 수 있습니다. 다시 말해 소설 필사 참여에 특별한 제한이나 자격 요건이 없었다는 뜻이기도 합니다.

　낙선재본 소설 필사에 참여한 필사자들의 서사 수준이나 서사 능력의 차이를 이야기하는 이유는 지금까지 이와 관련된 연구가 전혀 이루어지지 않았기 때문입니다. 연구가 이루어지지 않다보니 한글 서예계에서는 유교적 관념을 적용해 필사자들을 지나치게 신성시하거나 미화하는 등 불필요한 오해와 편견을 자아내고 있으며, 인접학문에서는 궁체 판단에 오류를 범하고 있기도 합니다. 모두 연구 미비에 따른 부작용이라 할 수 있습니다.

　궁체는 생각보다 다양하고 또 쓰는 사람에 따라 서사 수준의 편차도 크기 때문에 여러 사항들을 충분히 종합적으로 고려한 후 판단해야 합니다. 그렇지 않으면 그릇된 판단이나 오류를 범할 가능성이 매우 높습니다.

앞으로 지밀내인들의 서사 능력에 따른 품제 연구가 활성화되기를 바랍니다. 그래야 궁체 판단에 오류를 줄이고 낙선재본 소설의 서체 연구에도 도움이 될 것이기 때문입니다. 물론 궁체 연구 전반에도 큰 보탬이 되리라는 것 역시 믿어 의심치 않습니다.

22. 궁체는 천편일률적이다? 천만에요!
– 다양한 자형과 획형

　예전 서예계에서는 "궁체는 천편일률적이다." 라거나 "개성이 없이 인쇄한 것 같다."는 등의 말로 궁체를 예술로 인정하지 않거나 깎아내리는 경향이 적지 않았습니다. 지금이야 궁체에 대한 인식이 개선되었지만 그 시절에는 왜 그랬는지 모르겠습니다. 생각해보면 고전 궁체에 대해 너무나 무지했기 때문이 아닐까 싶기도 하고, 또 다른 한편으로는 현대 궁체가 틀에 박힌 듯 획일적인 자형으로 고착화된 것이 비판의 원인으로 작용하지 않았나 싶기도 합니다.

　현대 궁체와 달리 낙선재본 소설에서 보이는 고전 궁체의 자형은 정말 다양합니다. 궁체를 쓰는 사람에 따라 각양각색의 개성을 보여줍니다. 유려하면서 기품 있는 풍격을 보여주는 궁체 자형이 있는 반면, 이와는 정반대로 강인한 인상을 풍기는 자형도 있습니다.『옥원중회연』이 전자를 대표한다면『범문정충절언행록』전반부의 책들은 후자를 대표합니다. 특히『범문정충절언행록』은 획의 강약 조절이 흡사 추사체를 보는 듯합니다.『문장풍류삼대록』(K4-6808)은 이들과

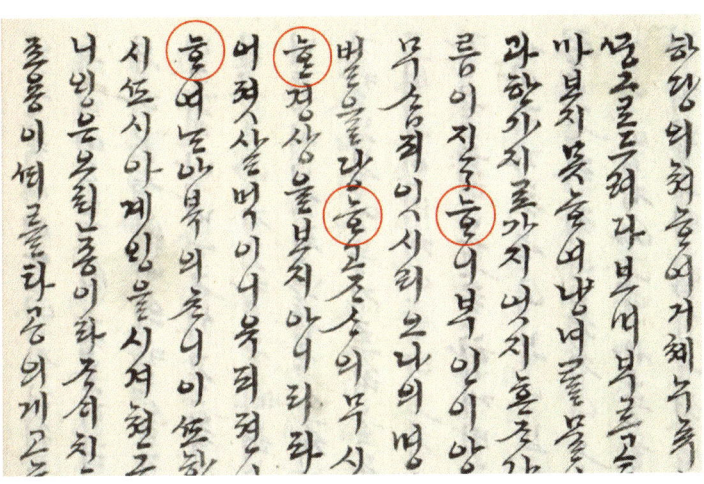

『구래공정충직절기』 'ㄴ'형태의 하늘점
장서각 소장

는 또 다른 형태로 중후하다는 표현이 어울릴 정도로 자형이나 운필에서 무게감이 느껴집니다.

이밖에도 날렵하면서도 부드러운 자형, 가볍지만 날카로운 분위기를 자아내는 자형 등 저마다의 개성을 자랑하는 다양한 궁체 자형을 낙선재본 소설을 통해 볼 수 있습니다.

자형뿐만 아니라 점획(點畫)의 형태도 굉장히 다양합니다. 현대 궁체의 점획은 일정한 형태를 보이지만 고전 궁체의 점획은 다릅니다. 자형의 다양성만큼 점획도 여러 가지 모양을 갖고 있습니다. 그 중에서도 '하늘점'은 우리가 알고 있는 일반적인 형태 외에 독특한 모양을 갖고 있는 형태가 많아 깜짝 놀랄 정도입니다. 어떤 때는 그 기발함에 탄성을 자아낼 정도입니다. 예를 들면 『구래공정충직절기』의 하늘점은 'ㄴ'이라고 오해할 수 있을 정도로 'ㄴ'과 닮아 있어 특이점을 보이며, 『당진연의』(K4-6797)의 하늘점은 가만히 바라보고 있으면 마치 새가 나뭇가지에 앉아 지저귀고 있는 것처럼 보입니다. 하늘점 하나로 상상력을 자극하고 있는 것입니다.

그리고 하늘점의 각도나 방향, 크기 등이 고정되어 있지 않고 천차만별로 달라 글자의 운동성이나 무게 중심에 영향을 미치는 등 자형의 구조와 완성에 매우 중요한 역할을 합니다. 현대 궁체의 하늘점이 크기와 방향, 각도 등이 고정되어 있어 그 역할이 한정되어 있는 점과 비교하면 큰 차이를 보이고 있는 것이죠.

한편, 전통 서예에서는 같은 글자가 반복되어 나올 경우 자형 마다 다르게 서사하는 것에 높은 예술성을 부여합니다. 다시 말해 같은 글자가 나오면 공간을 조절하거나 아니면 획의 모양이나 각도, 길이 등에 변화를 주어 글자의 형태를 각각 다르게 표현하는 것입니다. 서성(書聖)이라 불리는 왕희지가 〈난정서〉에 나오는 '之'자를 모두 다르게 쓴 것이 대표적입니다. 오늘날에도 같은 글자가 반복될 경우 의도적으로 자형에 변화를 줍니다. 이렇게 변화를 주는 것은 서예가들이 반드시 지켜야 할 암묵적 서사 규칙 중 하나입니다.

이처럼 자형의 중복을 피하는 서사법은 서예에서 추구하는 예술성과 직접적으로 맞닿아 있습니다. 낙선재본 소설의 필사자들 역시 서예의 전통적 예술성과 그 방법을 인식하고 이를 추구하고자 노력하고 있었다는 것을 알 수 있습니다. 낙선재본 소설들의 자형이 이를 말해줍니다. 대표적으로 『화산기봉』이나 『명주기봉』을 보면 같은 글자가 반복적으로 나올 경우 획이나 공간에 변화를 주어 자형을 모두 다르게 쓰고 있습니다. 필사자가 우연히 자형을 다르게 쓴 것이 아니라 자형마다 다르게 쓰겠다는 명확한 의지를 갖고 의도적으로 다르게 쓴 것입니다.

서사 방식, 곧 어떻게 쓸 것인가는 필사자의 서사 관념에서부터 비롯됩니다. 낙선재본 소설 필사자들은 단순히 책을 베껴 쓰는 것이 아닌 그들 나름의 창작에 대한 의지와 서사법에 대한 고민, 그리고 어떠한 서사 관념을 가지고 필사에 임하고 있었는지 소설에 나타난 궁체를 통해 충분히 헤아릴 수 있습니다.

궁체를 뭉뚱그려 "개성이 없이 인쇄한 것 같다."거나 "궁체는 천편일률적이다."라고 평하는 것은 궁체의 단면만 본 것이라 할 수 있습니다. 또 어떻게 보면 무지에서 비롯된 편견이라고도 말할 수 있습니다. 불합리하고 잘 못된 편견은 반드시 바로잡아야만 합니다. 시간이 걸려서라도 말이죠. 다만 편견이 생기게 된 이유와 원인에 대한 근본적인 개선과 이를 보완하는 노력은 반드시 필요해 보입니다.

그리고 이를 해결할 열쇠는 고전 궁체에 있습니다. 다양한 자형과 개성, 그리고 그 모든 것을 인정하고 품을 수 있는 넉넉한 마음을 고전 궁체에서 찾았으면 좋겠습니다.

23. 소설 필사 전담 내인?
- 무려 15종의 소설 필사에 참여한 서사계열

　낙선재본 소설들에 나타난 궁체 자형을 유심히 살펴보면 하나의 서사계열 또는 한 명의 필사자가 여러 소설을 필사하고 있다는 사실을 발견할 수 있습니다. 즉 동일한 자형이 여러 소설에서 보이고 있다는 것이죠. 특히 『홍루몽』의 필사에 참여한 서사계열의 경우 『홍루몽』외에도 무려 15종의 소설 필사에 참여하고 있어 놀라움을 자아냅니다.

　오른쪽 표는 위에서 언급한 서사계열이 필사에 참여한 15종의 소설 목록입니다. 물론 이 책에서 최초로 밝히는 것입니다.

　표의 소설들을 보면 모두 대장편 소설인 것을 알 수 있습니다. 그 중에서도 『홍루몽』은 120권에 달하는 방대한 분량을 자랑하고 있습니다. 이 때문에 여러 서사계열들과 필사자들이 필사에 참여할 수밖에 없으며, 자형도 서사계열에 따라 다양하게 나타나고 있습니다. 게다가 표에서 보이는 15종의 소설 필사에 참여한 서사계열과 필사자의 경우 참여한 소설마다 필사를 맡은 분량이 꽤나 많습니다. 이 정

〈 동일 서사계열이 필사에 참여한 15종의 소설 목록 〉

번호	책제목	권수	장정/비고
1	보홍루몽(補紅樓夢)	24	신 표지형식, 표지 청색
2	설월매전(雪月梅傳)	20	고전표지형식, 표지 황색
3	속홍루몽(續紅樓夢)	24	신 표지형식2, 표지 황색
4	여선외사(女仙外史)	45	고전 표지형식, 표지 황색
5	재생연전(再生緣傳)	52	고전 표지형식, 표지 황색
6	진주탑(珍珠塔)	10	신 표지형식, 표지 청색이나 바램
7	충렬소오의전(忠烈小五義傳)	31	고전 표지형식, 표지 황색
8	충렬협의전(忠烈狹義傳))	40	고전 표지형식 표지 황색, 청색실로 엮음/표지 제목 서체 구양순체 계열
9	쾌심편(快心編)	32	고전 표지형식 표지 황색, 청색실로 엮음/표지 제목 서체 구양순체 계열
10	현씨양웅쌍린기(玄氏兩雄雙麟記)	10	고전 표지형식, 표지 황색
11	홍루몽(紅樓夢)	120	신 표지형식, 표지 회색 또는 은색 비단 천
12	홍루몽보(紅樓夢補)	24	신 표지형식 표지 청색
13	홍루부몽(紅樓復夢)	50	신 표지형식, 앞표지 황색, 뒤표지 청색
14	후홍루몽(後紅樓夢)	20	신 표지형식, 앞표지 황색, 뒤표지 청색
15	요화전(瑤華傳)	21	신 표지형식, 표지 청색

『홍루몽보』 『속홍루몽』

『충렬소오의전』 『요화전』

장서각 소장

도로 소설 필사를 많이 했다면 '1년 내내 소설만 필사하지 않았을까?' 라는 합리적 의심이 듭니다. 소설 필사 전담 서사계열 또는 소설 필사 전담 내인이라고 해도 전혀 이상하지 않을 정도입니다.

그 뿐 아니라 15종의 소설도 낙선재본 소설 총 2199권 가운데 일부만 빠르게 넘기며 살펴보던 중에 발견된 것으로, 2199권을 하나하나 세심히 살펴본다면 위에서 제시한 15종의 소설 외에 더 나올 가능성도 높아 보입니다.

한편, 표의 비고란을 보면 장정 형식을 '신 표지형식'과 '고전 표지형식'으로 분류해 놓았습니다. 여기서 '신 표지형식'은 이종태 번역설을 따라 1884년을 기점으로 제첨 방식으로 변화한 표지 형식을 말하며, '고전 표지형식'은 1884년 이전의 표지 형식을 뜻합니다. 물론 1884년 이후에도 『쾌심편』처럼 제첨형식을 따르지 않은 책도 많이 있습니다만, 이 부분에 대해서는 따로 긴 설명이 필요하므로 여기서는 편의상 1884년 전후로만 구분하도록 하겠습니다.

표를 보면 신 표지형식이 8종, 고전 표지형식이 6종으로 되어 있습니다. 그런데 『충렬협의전』과 『쾌심편』은 고전 표지형식임에도 불구하고 제목 서체가 구양순체 계열로 이전의 제목 서체와 확연히 구별됩니다. 때문에 『충렬협의전』과 『쾌심편』은 1884년 이후에 필사된 것으로 추정할 수 있습니다. 이 두 소설을 1884년 이후로 본다면 신 표지형식의 소설 8종을 합해 총 10종의 소설이 1884년을 기점으로 1884년이나 그 이후에 필사되었고, 나머지 5종의 소설, 즉 『설월매전』, 『여선외사』, 『재생연전』, 『충렬소오의전』, 『현씨양웅쌍린기』

는 1884년 이전에 필사되었다고 추정할 수 있습니다. 그렇다고 해서 이 4종의 소설 필사 시기가 1884년 훨씬 이전이라고 볼 수도 없습니다. 소설들에서 보이는 자형이나 운필의 변화가 거의 없기 때문입니다. 결국 자형으로 미루어 볼 때 15종 소설 모두 1884년을 전후로 거의 비슷한 시기에 필사되었다고 보여 집니다.

아울러 이 소설들을 필사한 필사자들 역시 이 시기에 왕성히 활동한 내인이라는 것을 알 수 있습니다. 또한 자형이나 운필법이 어느 정도 수준에 올라있는 점과 시녀상궁이 책의 정사(淨寫)를 맡는다는 『여관제도연혁』의 기록을 참고했을 때 필사자의 품계는 시녀상궁이었을 가능성이 높다고 하겠습니다.

24. 동일 자형의 소설들
- 자형 분석의 중요성과 필사 시기의 추정

　2023년에 『임화정연기봉(林花鄭延奇逢)』이라는 고전 한글 소설이 경매에 나온 적이 있습니다. 당시 소개 글을 요약하면 『임화정연기봉』은 72권 72책으로, 18세기 말에서 19세기 초 공주나 옹주가 시집 갈 때 혼수품으로 마련해준 것으로 추정되며, 현존 유일의 궁중 필사본으로 궁체로 필사되었다고 설명하고 있습니다. 그리고 포갑 7개와 함께 보관 상태가 아주 좋다고 하는 것으로 보아 개인이 소장하고 있다가 경매에 나온 것으로 보여 집니다.

　놀라운 사실은 경매 시작가가 무려 3억 5천만 원이나 된다는 것입니다. 언감생심 꿈도 꾸지 못 할 가격이지만 한편으로는 왠지 모를 뿌듯함도 있었습니다. 궁체에 대한 여러 생각이 스쳐 지나갔기 때문이 아닐까 싶습니다.

　전통 서예를 연구하는 연구자들에게 자형 분석은 매우 중요합니다. 자형의 구조나 특징, 운필법에 따른 획형 등을 파악함으로써 서사 계통은 물론 전후의 영향관계 및 시대별 특징까지도 도출해 낼 수 있기 때문입니다.

　궁체도 마찬가지입니다. 자형 분석을 통해 시대별 궁체 흐름과 특징을 찾아낼 수 있을 뿐만 아니라 이를 통해 궁체 간의 유사성은 물론 필사시기나 서사계열의 형성 등등 여러 사항들을 알아낼 수 있습니다. 특히 서사계열의 형성은 필사자들이 모두 궁중이라는 특수한 환경과 집단에 속해 있었기 때문에 가능한 일입니다.

　첫머리에서 언급한 『임화정연기봉』 역시 자형 분석을 통해 당시 궁에서 활동하던 서사계열이 필사에 참여했음을 확인할 수 있습니다.

　『임화정연기봉』의 자형은 독특한 구조와 운필법을 보이고 있습니다. 이는 경매 주관사가 본문 사진 한 장을 공개한 덕에 알 수 있었습니다. 공개된 사진은 비교적 또렷해 자형이 어떠한 형태와 특징을 갖고 있는지 분석 하는데 있어 어려움은 없었지만, 사진이 한 장 뿐이라는 점에서 많은 아쉬움이 있었습니다.

　『임화정연기봉』의 자형을 분석한 결과는 놀라웠습니다. 낙선재본 소설 가운데 『명주보월빙』과 자형이나 획형, 운필법 등이 마치 복사한 듯 똑같았기 때문입니다. 자형이 동일하기 위해서는 필사자가 같거나 같은 서사계열의 필사자들일 때만 가능합니다.90 즉 『명주보월빙』과 『임화정연기봉』은 필사자가 같거나 동일 서사계열의 필사자들이 필사했다는 뜻입니다. 특히 100권이나 되는 『명주보월빙』의 필사를 하나의 서사계열이 도맡아 진행한 점을 생각하면, 두 소설의 필사자들은 기본적으로 같거나 겹칠 수밖에 없습니다. 결국 『임화정연기봉』의 필사에 『명주보월빙』의 필사자들이 그대로 참여한 것으로 판단할 수밖에 없는 것이죠.

그리고 『임화정연기봉』의 소개 글에 18세기 말에서 19세기 초 공주나 옹주가 시집갈 때 혼수품으로 마련해 준 것이라고 설명하고 있는데, 이 시기 공주와 옹주의 혼례 사례를 살펴보면 숙선옹주(淑善翁主)가 1804년에, 복온공주(福溫公主)와 덕온공주(德溫公主)가 1830년, 1838년에 각각 하가(下嫁)한 사실을 확인할 수 있습니다. 이를 토대로 추정해 보면 『임화정연기봉』을 필사한 시기는 1800년 초에서 1838년 사이가 됩니다. 만약 『임화정연기봉』이 이 시기에 필사된 것이 맞다면 자형이 같은 『명주보월빙』 역시 이 시기에 필사되었다고 할 수 있습니다.

다만, 두 소설에서 보이는 흘림 자형이나 덕온공주가 하가(下嫁)하며 약 2천여 권의 한글소설을 지참했다는 윤백영여사의 인터뷰내용 91으로 볼 때, 『임화정연기봉』은 덕온공주가 혼수로 지참했던 많은 소설들 중 하나였을 가능성이 더 높다고 생각됩니다. 이 경우 필사 시기는 복온공주가 하가한 후부터 덕온공주가 하가하기 전까지, 즉 1830년에서 1838년 사이로 볼 수 있습니다.92

이러한 필사 시기의 추정은 오롯이 소개 글 만을 바탕으로 한 것이므로 우선은 가설에 불과합니다. 보다 정확한 사실은 『임화정연기봉』 전권이 공개되어야 파악이 가능합니다. 전권이 공개되는 날을 손꼽아 기다려 봅니다.

한편, 낙선재본 소설들의 서체를 분석해 보면 동일자형이나 동일 서사법을 보이는 소설들을 생각보다 많이 발견할 수 있습니다. 그렇다면 이 소설들도 동일 필사자나 동일 서사계열의 필사자들이 필사했다는 뜻이며, 소설이 필사된 시기 또한 동시대라는 것을 의미합니다. 따라서 이 소설들 가운데 단 한편의 소설만이라도 필사 시기가 밝혀진다면 나머지 소설들의 필사 시기는 자연적으로 알 수 있게 됩니다. 이를 잘 보여주는 예로 『쌍천기봉(雙釧奇逢)』을 들 수 있습니다.

『쌍천기봉』의 자형을 분석하면 모두 4개의 서로 다른 자형이 사용되고 있습니다. 이를 권수별로 분류해보면 첫 번째 자형은 권1~5, 두 번째 자형은 권6·권8~12, 세 번째 자형은 권13~18, 네 번째 자형은 권7로 나눌 수 있습니다. 이렇게 보면 『쌍천기봉』의 필사에 모두 네 부류의 서사계열이 소설 필사에 참여하고 있다는 사실을 알 수 있습니다.

그런데 여기서 첫 번째, 두 번째 자형을 다른 소설의 자형들과 비교해 보면 아주 흥미로운 사실을 발견할 수 있습니다. 첫 번째 자형은 『이씨세대록(李氏世代錄)』 권1,2의 자형과 똑같으며, 두 번째 자형은 『현씨양웅쌍린기』 권2~8, 『명주기봉(明珠奇逢)』 권1~15의 자형과 매우 유사합니다. 게다가 『명주기봉』 권1~15의 자형은 『대명영렬전(大明英烈傳)』의 자형과 똑같습니다.(세 소설의 자형은 미세한 차이를 보이고 있지만 기본적인 결구법이나 운필법이 같아 모두 동일 서사계열임을 알 수 있습니다.)

정리하면 『쌍천기봉』을 필사한 첫 번째 서사계열은 『이씨세대록』

의 필사에, 두 번째 서사계열은 『현씨양웅쌍린기』, 『명주기봉』, 『대명영렬전』의 필사에도 참여했다는 것을 알 수 있습니다. 이에 따라 『쌍천기봉』, 『이씨세대록』, 『현씨양웅쌍린기』, 『명주기봉』, 『대명영렬전』 모두 거의 비슷한 시기에 필사되었다고 할 수 있는 것입니다.

또 『쌍천기봉』과 『이씨세대록』의 장정 형식은 제첨(題簽) 방식인 반면, 『명주기봉』과 『현씨양웅쌍린기』, 『대명영렬전』은 제목을 표지에 직접 쓰는 방식으로 되어 있는 것으로 미루어 『쌍천기봉』과 『이씨세대록』은 1884년 이후에 필사되었고, 『명주기봉』, 『현씨양웅쌍린기』, 『대명영렬전』은 1884년 이전에 필사되었다는 사실을 알 수 있습니다. 다만 자형의 동일성이나 유사성으로 볼 때 필사시기가 그렇게 크게 차이나 보이지는 않습니다.

이밖에도 『청백운(靑白雲)』과 『하씨선행후대록(河氏善行後代錄)』, 『화정선행록(和靜善行錄)』(K4-6868)이 동일한 자형을 갖고 있는 등 많은 소설들에서 동일 자형의 소설들을 발견할 수 있습니다.[93]

동일 자형 소설들의 파악과 필사시기의 추정은 자형 분석을 바탕으로 한 것입니다. 자형분석이 시발점이라고 할 수 있는 것이죠. 자형 분석을 등한시하거나 자형분석을 어떻게 하는지 모른다면 위와 같은 연구는 이루어질 수 없습니다. 그만큼 한글 서예 연구나 또 낙선재본 소설 연구에 있어 자형 분석은 중요하다고 할 수 있습니다.

앞으로 이에 대한 연구가 활발히 진행되기를 바라며, 한글 서예 연구자들의 분투를 기대해 봅니다.

궁에서 필사된 고전 한글 소설은 주로 공주나 옹주의 하가(下嫁) 시 혼수품으로 지참해 궁 밖으로 가지고 나갔다고 알려져 있습니다. 하지만 꼭 혼수품으로만 소설이 사가(私家)로 반출되었던 것은 아닌 것으로 보입니다. 궁에서 소설을 하사한 것처럼 보이는 소설도 있기 때문입니다.

이화여자대학교 도서관 소장 「옥원중회연」은 책의 장정과 공격지, 궁체의 자형 등으로 미루어 궁중에서 제작된 것이 분명합니다. 그런데 권13 마지막 공격지에 '정경부인 책이라'라는 문구가 흘림체로 쓰여 있습니다. 글씨체로 볼 때 나중에 민간에서 누군가가 소장자를 명시하게 위해 쓴 것으로 보입니다.

따라서 경매에 출품되었던 「임화정연기봉」도 혼수품이 아닐 가능성도 배제할 수 없습니다. 그렇기 때문에 여러 연구가 더 필요해 보입니다. 다만 현재의 상황으로 봐서는 혼수품으로 지참했을 가능성이 훨씬 더 높아 보이기는 합니다.

그리고 만약 「임화정연기봉」이 18세기 말에서 19세기 초 공주나 옹주가 시집갈 때 혼수품으로 마련해준 것이 맞는다면, 이 시기를 대표하는 궁체 자형, 즉 궁체의 전형(典型)이나 모범으로 불리는 자형(예: 옥원중회연) 외에 「임화정연기봉」과 「명주보월빙」 필사에 사용된 자형을 시대별 자형의 특징에 새로 추가해야 됩니다. 지금까지 18세기 말에서 19세기 초에 보이는 자형 가운데 「임화징연기봉」과 같은 궁체 사형은 볼 수 없었기 때문입니다.

25. 민간에서 필사된 소설이 궁으로
- 세책본(feat. 궁체)

　낙선재본 소설들 중에는 궁중에서 필사된 소설들이 압도적으로 많습니다. 하지만 민간에서 필사된 후 궁으로 납품된 소설들도 있습니다. 이를 '세책본(貰冊本)'이라 부릅니다. 세책본은 민간의 세책가(貰冊家)에서 만든 책으로, 세책가는 오늘날 도서대여점과 비슷하다고 할 수 있습니다. 다만 오늘날의 도서대여점이 출판된 책을 빌려주는 곳인 반면, 조선 후기의 세책가는 자체적으로 필사자를 고용해 소설을 제작·유통시키기도 했을 뿐만 아니라 따로 제작 의뢰를 받아 납품하기도 했습니다. 그러니까 책의 필사에서 제작·유통은 물론 맞춤 주문까지 모두 아우르고 있는 것이죠.

　인선왕후가 숙명공주에게 보낸 많은 한글 편지들 가운데 "감역집의 벗긴 칙 추자 드러올 제 가져오나라."[94]라는 구절이 담긴 편지가 있습니다. 궁으로 들어 올 때 필사를 맡긴 곳에서 책을 찾아오라는 뜻으로, 여기서 필사된 책은 당연히 한글 소설을 가리키는 것으로 볼 수 있습니다. 숙명공주와 인선왕후 사이에 오간 또 다른 한글 편지들을 보면 인선왕후가 한글 소설책을 숙명공주에게 보낸 사실을 확인할 수 있기 때문입니다.

중요한 점은 편지의 한 구절을 통해 왕실에서 세책가로 추정되는 곳에 소설 필사를 맡겼다는 사실을 확인할 수 있을 뿐만 아니라, 민간 제작 소설이 어떻게 궁으로 들어오게 되었는지 그 과정을 어느 정도 그릴 수 있다는 것입니다.

낙선재본 소설 가운데 세책본으로 추정되는 소설은 대표적으로 『양문충의록』(K4-6826)과 『낙천등운』(K4-6787, 권1~권4까지)을 꼽을 수 있습니다. 두 소설 모두 연면흘림으로 필사되어 있습니다. 하지만 궁중의 필사자들, 즉 지밀내인들이 사용하는 연면흘림과는 자형이나 운필, 획형 등에서 많은 차이를 보입니다. 특히 운필법은 그 차이가 상당합니다. 예를 들어 지밀내인들이 쓴 연면흘림을 보면 전절(轉折) 부분에서 붓을 누르고, 세우고, 뒤집는 등의 절도 있는 다양한 붓의 움직임을 볼 수 있습니다. 반면 민간의 필사자들이 쓴 연면흘림에서는 이러한 붓의 움직임이 거의 없습니다. 마치 빗자루 질을 하는 것처럼 붓을 이리저리 쓸고 다니는 듯한 모습만 보일 뿐입니다.

또 두 소설 모두 '공댱아오로~'로 시작하는 내용이 앞 공격지에 기록되어 있습니다. 세책본으로 추정되는 소설들에서 볼 수 있는 특징으로 『낙천등운』에는 '공댱아오로팔십일댱 낙쳔등운 일', '공댱아오로팔십뉵댱 낙쳔등운 이', '공댱아오로칠십칠댱 낙쳔등운 삼', '공댱아오로팔십오댱 낙쳔등운 스'라고 기록되어 있습니다. 여기서 '공댱아오로~'는 '빈종이(공격지) 포함'이라는 뜻입니다. '공댱아오로팔십일당'이면 '공격지 포함 팔십일장'이라고 해석할 수 있는 것이죠.

이처럼 각 권마다 종이가 몇 장 사용되었는지를 철저히 기록해 놓은 것으로 볼 때, 아마도 세책가에서 소설책 제작에 들어간 종이의 양과 필사한 가격을 받기 위해 적어 놓지 않았나 싶습니다. 일종의 청구서 같은 개념으로 보입니다. 다만 『낙천등운』 마지막 권5에는 이 기록을 찾아볼 수 없는데, 필사자의 서사법이나 궁체 자형 등으로 볼 때 나중에 세책본이 아닌 지밀내인에 의해 별도로 필사된 책이기 때문으로 추정됩니다.[95]

『양문충의록』 역시 '공댱아오로~'로 시작하는 기록이 있는 것을 확인할 수 있으나, 『낙천등운』처럼 공격지에 보이게 쓴 것이 아니라 표지와 붙어 있는 종이 안쪽에 기록이 있어 뒷면에 비친 글자를 통해서만 파악이 가능합니다. 이 때문에 종이의 수량 등 정확한 내용을 알기는 현재로서는 어렵지만 이 아쉬움을 달래 줄 더 특별한 기록이 남아 있습니다. 바로 필사기(筆寫記)입니다.

『양문충의록』 권30 마지막 부분에 '옥농동필셔', 권31에 '옥농쳐사셔', 권37에 '운계셔'라는 아주 특별한 필사기를 볼 수 있습니다. 이 가운데 권30의 '옥농동'은 소설을 필사한 세책가의 이름이나 세책가가 위치하고 있는 동네 혹은 세책거리의 이름으로 보이며, 또 권31의 '옥농쳐사'와 권37의 '운계'는 해당 권수를 필사한 필사자의 별호(別號) 정도로 추정할 수 있습니다. 오늘날로 치면 예명이나 닉네임 정도 되겠네요. 특히 '옥농쳐사'는 그 명칭으로 볼 때 '옥농동'에서 필사를 담당하던 전문 필사자일 가능성도 있어 보입니다. 이와 같은 필사기가 특별한 이유는 궁중에서 필사된 소설들은 '필사처'나 '필사자'를 밝히는 필사기를 전혀 찾아 볼 수 없기 때문입니다.

종합해 보면 두 소설 모두 연면흘림으로 필사되어 있으며, 앞 공격지에 '공댱아오로~'로 시작하는 특징적 표기가 있는 것을 알 수 있습니다. 그리고 민간에서 만든 책임에도 불구하고 공격지가 포함되어 있는 것으로 미루어 특별히 주문 제작된 책이라는 것을 짐작케 합니다.

낙선재본 소설 가운데 세책본의 서체, 곧 민간의 연면흘림과 관련된 연구는 아직까지 진행된 적이 없습니다. 앞으로 이에 대한 연구가 이루어진다면 궁중의 연면흘림과 민간의 연면흘림의 특성과 차이점을 명확하게 알 수 있으리라 생각합니다. 아울러 낙선재본 소설들 가운데 궁중본과 세책본을 구별하는 일이 훨씬 수월해지는 것은 물론, 궁과 민간의 궁체를 분류하는 기준이나 방법 역시 분명하게 정리할 수 있는 계기가 될 수 있을 것으로 믿어 의심치 않습니다. 세책본의 서체에 대한 연구가 하루 속히 이루어지길 고대해 봅니다.

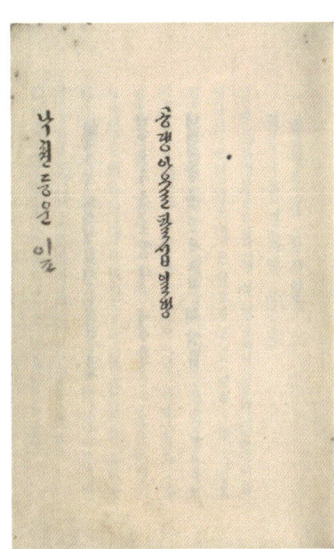

『낙천등운』 공격지에 나타난 종이 사용량에 대한 기록

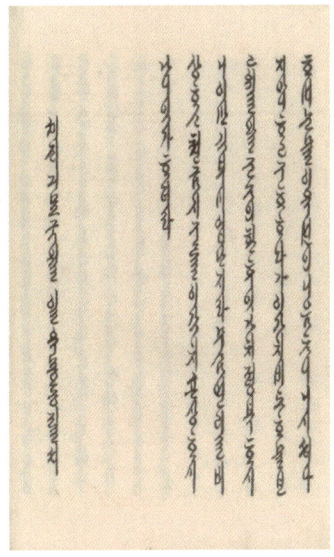

『양문충의록』 필사기에 나타난 '옥룡처사'와 '옥룡동'
장서각 소장

본문에서 살펴본 「양문충의록」과 「낙천등운」 외에 「옥난기연」도 민간에서 제작된 것으로 생각됩니다. 「옥난기연」은 「양문충의록」, 「낙천등운」처럼 공격지를 갖추고 있고 또 연면흘림으로 필사되어 있습니다. 게다가 자형의 여러 특징들, 곧 획형이나 운필법, 독특한 자형의 형태 등이 「양문충의록」과 상당히 유사할 뿐만 아니라 두 소설의 전반적인 서사분위기 역시 놀라울 정도로 비슷합니다. 서사분위기가 비슷하다는 것은 운필법이 서로 유사해야만 가능한 일입니다. 이로 볼 때 「옥난기연」은 「양문충의록」처럼 민간의 세책가에서 제작된 책일 가능성이 매우 높다고 할 수 있습니다.

다만 「양문충의록」이나 「낙천등운」과 달리 「옥난기연」은 '공당아오로~'로 시작하는 표기나 필사기가 없다는 점은 세책본으로 확정하는데 있어 망설이게 만드는 부분입니다. 이에 대해서는 보다 심도 깊은 연구가 필요해 보입니다.

26. 궁과 민간의 공동 필사?
-『명주옥연기합록』의 궁체

앞서 세책가에서 제작되어 궁으로 납품된 소설책에 대해 알아봤습니다. 그런데 이와는 별도로 궁과 민간이 공동 필사를 통해 완성했다는 평을 받는 소설도 있습니다. 영남대학교 소장『명주옥연기합록』이 그 주인공입니다.

『명주옥연기합록』은 궁체 흘림으로, 궁중 웃전의 안부를 아뢰던 한글 편지를 모아 그 이면에 소설을 필사해 엮은 책입니다.[96] 이면지를 재활용해 만든 소설책이라고 생각하면 되겠습니다. 특이한 점은 다른 소설들과 달리 권1부터 권22까지 각권 말미에 필사자가 누구인지를 적어 놓은 사후당 윤백영여사의 필사기가 존재하고 있다는 것입니다. 예를 들어 권1에는 '대한개국오백사년의철종황뎨후궁김상궁철영시가쓴글시', 권14는 '뎌동궁지밀서상궁글시'라고 기록해 놓은 것이죠. 이 때문에『명주옥연기합록』이 궁중에서 필사된 소설책이라는 것을 더욱 확실하게 알 수 있습니다.

문제는『명주옥연기합록』권23~25입니다. 이들 책에는 윤백영 여사가 필사기를 남겨 놓지 않아 극심한 혼란을 겪고 있습니다. 혼란의 원인은 글씨에 있습니다. 즉 권23~25를 필사한 필사자들의 서사능력이나 수준이 이전의 필사자들 보다 못하다는 것입니다. 쉽게 말해 글씨를 못 썼다는 이야기입니다.

이 때문에 국문학자들은 "이 두 권의 필체만은 궁체가 아닌 여염집 여인의 글씨체이다."[97]라거나 "이 자료는 유일본으로 철종의 후궁인 김철영 상궁과 저동궁의 지밀상궁인 서유순, 그리고 두 명의 여염집 여인이 공동으로 필사했다. 궁을 나온 궁녀가 궁 밖에서 다른 여성들과 함께 베낀 책이다."[98]라는 평을 하고 있습니다. 그러니까 권23~25를 두고 '여염집 여인의 글씨체' 또는 '여염집 여인 두 명이 공동으로 필사했다'고 주장하고 있는 것입니다.

전자는 단지 '여염집 연인의 글씨체'라는 글씨 수준과 글씨체에 대한 평가인 반면, 후자는 '궁 밖에서 궁녀와 여염집 여인 두 명이 함께 베낀 책'으로 궁녀와 민간 여인의 공동 필사를 이야기하고 있습니다.

글씨나 글씨체에 대한 평가는 연구자마다 평가의 기준이 다를 수 있어 이해할 수 있지만, '궁을 나온 궁녀가 궁 밖에서 다른 여성들과 함께 베낀 책'이라는 주장에 대해서는 납득하기가 어렵습니다. 왜냐하면 주장을 뒷받침할 만한 근거를 아무리 찾아봐도 찾을 수 없기 때문입니다.

『명주옥연기합록』 권23~25의 글씨는 앞 권들을 필사한 필사자들에 비해 수준이 떨어지는 것은 맞습니다. 그런데 궁체를 잘 쓰는 필사자와 그보다 수준이 낮은 필사자가 함께 필사하는 모습은 전혀 낯설지 않습니다. 개인적으로는 상당히 친숙하게 느껴지기도 합니다. 왜냐하면 이와 같은 사례를 낙선재본 소설들에서 어렵지 않게 찾아볼 수 있기 때문입니다.

게다가 권23~25의 자형 변화를 봤을 때, 두 명의 여염집 여인이 아닌 다수의 필사자들이 필사에 참여하고 있는 것으로 파악됩니다. 그리고 이들의 필사 분량 또한 제각각입니다. 특히 권23에서는 필사자가 한 행만 쓴 경우도 있습니다.[99] 이와 같이 불규칙한 필사자 교체와 분량을 보이는 예는 낙선재본 소설들에서 흔하게 나타나는 현상입니다.

만약 "궁을 나온 궁녀가 궁 밖에서 다른 여성들과 함께 베낀 책이다."라는 주장대로 민간의 여염집에서 필사가 진행되었다면, 다수의 여염집 여인들이 『명주옥연기합록』 필사에 참여(동원?)하였고, 그 다수의 여염집 여인들이 한 줄도 필사했다가 또 몇 줄도 필사하는 등 그들 마음 내키는 대로 필사를 했다는 뜻이 됩니다. 그것도 필사가 끝나면 궁으로 다시 들어갈 소설임을 알고도 말이죠. 과연 이러한 방식의 필사가 민간에서 이루어질 수 있고 또 용납되었을지 의문이 들 수밖에 없습니다. 더군다나 민감한 내용이 들어 있을 수도 있는 궁중의 문안편지들을 지밀내인이 외부로 들고 나가 굳이 여염집에서 다수의 여염집 여인들과 함께 필사를 한다는 것도 쉽사리 납득하거나 수긍하기 어려운 점입니다.

결국 낙선재본 소설들에 나타난 필사 양상이나 방식, 그리고 지밀내인들의 개인별 서사 능력의 차이 등 궁중 내 소설 필사와 관련된 여러 사례와 정황을 고려해 볼 때 『명주옥연기합록』은 궁중에서 온전히 필사되었다고 보는 것이 가장 합리적이며 타당성이 높다고 할 수 있겠습니다.

권23~25의 자형을 분석해 보면, 이 세 권에서도 서사 수준에 차이가 나고 있다는 것을 알 수 있습니다. 즉 권23, 25의 서사 수준은 서로 비슷하며, 권24는 서사 수준이 두 권에 비해 높습니다. 특히 권24는 절도 있는 운필을 보여주고 있어 어느 정도 궁체 학습이 되어 있는 '필사자들'이라고 평가할 수 있습니다. 여기서 필사자들이라고 말한 이유는 권24 역시 여러 명의 필사자들이 분량을 나누어 필사한 것으로 판단되기 때문입니다.

그리고 권23의 자형이 권25에도 나오는 것으로 미루어 필사자들 중 한 명은 권23, 25 두 권의 필사에 주도적으로 참여한 것으로 보입니다. 분량이 상당한 것으로 볼 때 그렇습니다.

현재 영인본으로 출간된 책의 글씨 상태가 좋지 않아 큰 변화만으로 추정할 수밖에 없는 점은 많이 아쉬운 부분입니다. 어려움 속에서도 『명주옥연기합록』의 서체 연구가 하루 빨리 이루어지길 고대해 봅니다.

5부

알아두면 쓸모 있는 궁체 상식

27. 궁체는 내인만 썼을까?

몇 년 전 소모임에서 한참 인기를 끌던 TV드라마 이야기를 하다 여주인공이 쓰고 있던 궁체로 화제가 옮겨갔습니다. 대화 내내 침묵으로 일관할 수밖에 없었던 처지에 기회는 이때다 싶어 한 마디 툭 던졌습니다. "혹시 그거 아세요? 궁체는 궁녀만 쓴 것이 아니라 당시 조정의 남자 관리들도 궁체를 익히고 썼다는 사실을?" 그동안 입 한 번 뻥긋하지 못하고 있다가 갑자기 던진 한 마디는 사람들의 눈을 동그랗게 만들었습니다.

대부분 궁체는 내인들이 쓴 글씨 또는 조선시대 여성들이 쓴 글씨 정도로만 알고 있습니다. 그런데 그렇지 않습니다. 이 부분은 처음부터 잘 못 알려진 사실로 궁체 연구 미비가 불러온 오해이자 편견입니다.

조선 후기 영조 때 편찬된 『천의소감언해』라는 필사본 책이 있습니다. 이 책은 관료서체와 궁체(흘림) 두 가지 서체로 서사되어 있는데, 책을 서사한 서사관들의 소속과 이름이 『천의소감찬수청의궤(闡

義昭鑑纂修廳儀軌)』에 기록되어 있습니다. 현재까지 한글 서사를 담당한 서사관의 이름이 밝혀진 최초이자 유일한 사례로, 한글 서예사 연구에 매우 중요한 문헌입니다.

서사를 담당한 서사관은 어의궁(於義宮) 100 차지(次知) 101 송규빈(宋奎斌) 형제, 제용감(濟用監) 102 서원(書員) 이유담(李惟聃), 옥당(玉堂) 103 서사(書寫) 유세관(柳世寬)입니다. 이들은 각기 다른 소속으로『천의소감언해』를 서사하기 위해 차출된 관리들입니다. 104 쉽게 말하면 각 부처에서 한글을 잘 쓰는 사람을 뽑아『천의소감언해』를 쓰도록 한 것입니다.

이 가운데 송규빈 형제 105는 영조가 기억할 정도로 한글을 잘 썼던 모양입니다.『승정원일기(承政院日記)』의하면 영조가 "송규빈 형제는 언서에 능하고 규빈의 아우 규오가 있으니 이 일을 맡겨도 된다." 106 라고 언급한 기록이 있습니다. 특히『어제속자성편언해』(1759)의 궁체 흘림과『천의소감언해』의 궁체 흘림이 매우 유사한 점은 많은 것을 생각하게 합니다.

『천의소감언해』외에도 영조 때 서사관이나 사자관이 쓴 것으로 추정되는 한글 문헌으로는『어제자성편언해』(1746),『어제속자성편언해』(1759년 추정),『어제경세문답언해』(1761년 추정),『어세경세문답속록언해』(1763년 추정),『어제조훈언해』(1764년 추정),『어제언문』(1765년 추정) 등이 있습니다. 이들 문헌들은 영조가 직접 지은 것으로 대부분 궁체 흘림으로 서사되어 있으나『어제경세문답언해』,『어제경세문답속록언해』는 궁체 정자로 서사되어 있습니다.

그리고 조선시대 왕실의 기록문화를 잘 보여주는 문헌 중 하나가 바로 의궤입니다. 현재 전하는 한글 의궤로는 순조 때 『자경전진작정례의궤(慈慶殿進爵整禮儀軌)』(1828), 헌종 때 『정미가례시일기(丁未嘉禮時日記)』(1847년 이후)가 있습니다. 이들 의궤의 서사를 맡은 사람들은 모두 서사관입니다. 다수의 관리들이 의궤 서사를 위해 서사관으로 차출된 것이죠.

『자경전진작정례의궤』와 『정미가례시일기』는 궁체 흘림으로 되어 있습니다. 이 중 『정미가례시일기』는 서사상궁이 쓴 『뎡미가례시일기』가 따로 존재합니다. 쉽게 말해 서사관본과 서사상궁본이 각각 따로 존재하고 있는 것입니다.

두 문헌 모두 궁체 흘림이지만 자형은 극명하게 다릅니다. 서사상궁이 쓴 『뎡미가례시일기』는 황금기 궁체의 전형을 보여주고 있는 반면, 서사관의 궁체는 실용에 중점을 둔 모습입니다.

이외에도 국외로 반출된 『뎡니의궤(정리의궤整理儀軌)』(1795~1797)가 있습니다. 『뎡니의궤』는 프랑스 파리 동양어학교 도서관에 소장되어 있으며, 현재 12권 12책이 남아있는 것으로 알려져 있습니다. 서체는 궁체 정자와 반흘림, 흘림이 혼용되어 있는데 반흘림과 흘림이 주로 사용되고 있으며 정자의 경우 몇 줄에 불과합니다. 각기 다른 여러 자형이 나오는 것으로 미루어 다수의 서사관들이 서사에 참여하고 있었음을 알 수 있습니다.

『뎡니의궤』의 자형에서 가장 특징적이라 할 수 있는 부분은 반흘림에 있습니다. 특히 '왈, 월, 일' 등에서 정자 받침 'ㄹ'이 중성 'ㅣ'모음에서 상당히 멀리 떨어진 상태로 위치해 있는데(예: 권29 병진년 원행), 이와 같은 자형의 형태는 1600년대 중반(1652~1666)에 작성된 것으로 추정되는 인선왕후 편지들과 낙선재본 소설『무목왕정충록』(1700추정)의 자형에서 많이 나타나는 자형입니다. 왕후의 편지들이 대부분 지밀내인에 의해 대필된다는 점과 소설의 필사 역시 마찬가지라는 점을 생각해 볼 때, 서사관의 궁체 자형에서도 같은 자형을 볼 수 있다는 사실은 중요한 의미를 갖습니다. 지밀내인과 서사관의 궁체 사이에 연관성을 보여주는 것은 물론 궁체 흐림에서도 서로 영향을 받고 있었음을 추정할 수 있는 직접적인 사례와 근거가 되기 때문입니다.

그리고 여기서 반드시 알아두어야 할 사항이 하나 있습니다. 그것은 지금까지 살펴 본 문헌들 모두 내전에 진상하기 위해 특별히 만들어진 책이라는 사실입니다. 즉 내전의 비빈들이 열람하기 쉽고 이해하기 편하도록 한문을 한글로 번역해 제작한 책이라는 것이죠. 이렇게 본다면 서사관이나 사자관이 쓴 궁체는 현전하는 문헌보다 훨씬 많았을 것은 당연합니다.[107]

또한 많은 한글 문헌을 쓰기 위해 각종 서사를 담당하는 전문 사자관들뿐만 아니라 서사관으로 차출되는 관리들 역시 궁체를 따로 익히고 연습해야만 했을 것입니다. 위 문헌들에서 보이는 자형이나 운필법의 능숙함 등으로 볼 때, 궁체를 익히지 않았거나 연습하지 않고서는 도저히 나올 수 없는 궁체이기 때문입니다. 결국 정도의 차이만 있을 뿐, 지밀내인과 조정의 관리들 모두 궁체 연습이 반드시 필요했

 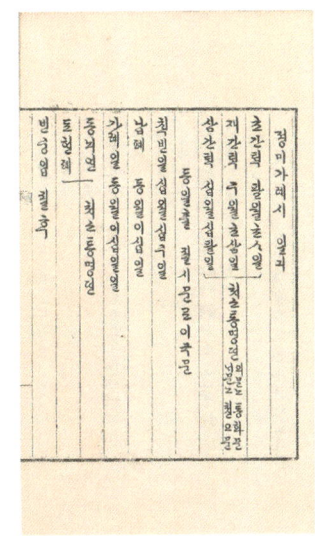

『졍미가례시일긔』 서사관 서사

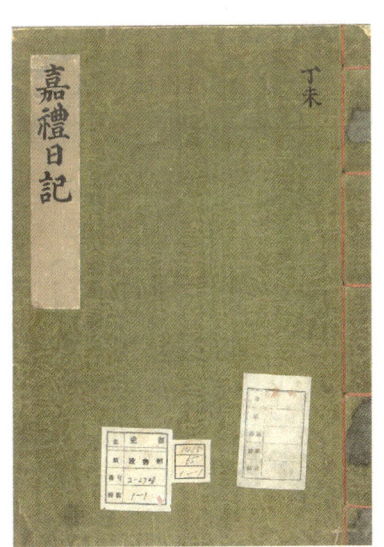 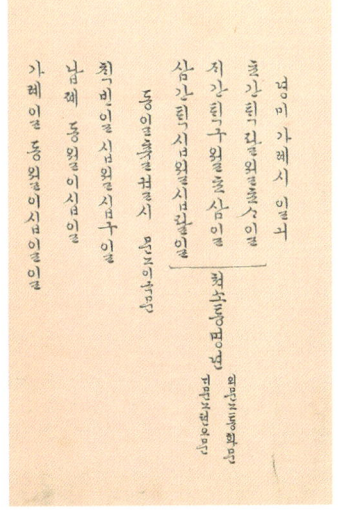

『뎡미가례시일긔』 서사상궁 서사
장서각 소장

었다고 할 수 있는 것입니다.

지금까지 간략하게나마 조정의 관리, 즉 사자관이나 서사관이 쓴 한글 궁체 문헌을 살펴봤습니다. 이를 통해 궁체가 내인만이 사용하던 서체가 아니라는 것을 보다 명확하게 알 수 있었습니다. 앞으로 더 많은 문헌들이 발굴되고 소개되어 궁체에 대한 오해나 잘못된 편견이 불식되었으면 좋겠습니다. 아울러 궁체와 관련된 올바른 지식이 널리 알려지기를 기대해 봅니다.

28. 사자관과 서사관의 궁체

아주 오래전, 아마도 일고여덟 살 정도로 기억합니다. "나는 떡을 썰 테니, 너는 옆에서 글씨를 쓰거라."라는 대목이 얼마나 감명 깊었는지, 그 때의 감정이 아직도 뇌리에 생생히 남아 있습니다. 이 전설과도 같은 이야기를 책으로 읽은 것인지, 아니면 TV에서 본 것인지 도통 헷갈리지만 분명한 사실은 이때 처음으로 한석봉[108]에 대해 알게 되었다는 것입니다.

조선시대에 글씨로 명성을 떨친 한석봉을 모르는 사람은 거의 없으리라 생각합니다. 그러나 한석봉이 사자관(寫字官)의 원조라는 사실은 그다지 알려져 있지 않은 것 같습니다.

한석봉을 사자관의 원조라 부르는 이유는 글씨를 전문적으로 쓰는 사자관이라는 직(職)이 선조 때에 공식적으로 처음 만들어졌기 때문입니다. 선조 이전에는 문신(文臣) 가운데 글씨를 잘 쓰는 사람을 차출해 글씨를 쓰도록 했는데, 점점 글씨를 잘 쓰는 문신이 없어지자 공식적으로 직을 만들어 글씨를 담당하는 관리를 뽑게 된 것이죠. 한

석봉이 바로 그 시작인 것입니다.109

　사자관과 달리 서사관(書寫官)은 궁중의 행사나 글씨가 필요한 경우 서사를 위해 임시로 차출되는 관리들입니다. 앞 장에서 살펴본 『천의소감언해』의 서사관들이 좋은 예라 할 수 있습니다. 이렇듯 사자관과 서사관은 개념이 완전히 다릅니다. 물론 글씨도 전혀 다릅니다.

　사자관은 기본적으로 외교문서 등 중요한 문서를 작성해야 했기에 글씨를 바르게 써야 했습니다. 이 때문에 오늘날 전해지는 사자관의 글씨를 보면 자형은 물론 획형도 일정한 형태를 유지하고 있는 것을 볼 수 있습니다. 예를 들어 『보사녹훈도감의궤(保社錄勳都監儀軌)』(1682)의 한자 자형을 보면 필사본임에도 불구하고 자형이 인쇄한 듯 똑같습니다. 마치 문서의 정서(正書)란 무엇인가를 보여주는 듯합니다.

　반면, 서사관의 글씨는 무엇을 쓰기 위해 차출되었느냐에 따라 큰 차이를 보입니다. 예를 들어 궁중의 현판을 쓰기 위해 서사관으로 임명하는 경우 대부분 직급이 높으며, 글씨 쓰기에 일가견이 있는 사람들로 선발합니다. 창덕궁의 서문(西門)인 금호문(金虎門) 현판은 당상관을 지낸 성임(成任, 1421~1484)이 썼으며,110 경복궁의 시문인 영추문(迎秋門)은 1865년 어영대장(御營大將)이었던 허계(許棨, 1798~1866)가 썼습니다.111

　이와 달리 내전에 진상하는 한글 책을 서사하기 위해 차출된 서사관의 경우 품계가 없는 이속(吏屬)에서 한글을 잘 쓰는 사람을 뽑아 서사관에 임명하는 것을 볼 수 있습니다. 『천의소감언해』가 좋은 예로, 『천의소감언해』를 서사한 서사관들 모두 이속입니다. 각 부처의 말단 행정직에 있는 관원들을 서사관으로 차출한 것이죠.

그렇다면 사자관과 서사관의 궁체는 어떠한 모습일까요?

안타깝게도 사자관이 쓴 궁체 문헌에 대해서는 현재까지 연구된 바가 없습니다. 그렇기에 얼마 전까지만 하더라도 '사자관이 과연 궁체를 썼을까?'라는 의문을 품기도 했습니다. 왜냐하면 『천의소감언해』를 보면 서사관은 본문 내용을 쓰고 사자관은 표지 서명(書名), 즉 책 제목을 쓰는 것으로 그 역할이 극명하게 달랐기 때문입니다.

그런데 사자관이 쓴 궁체로 추정할만한 문헌들과 기록을 접하게 된 후 생각이 바뀌게 되었습니다. 생각을 바꾸게 만든 문헌 중 하나가 바로 〈육상궁묘현의(毓祥宮廟見儀)〉(1759추정, K2-2472)라는 한글 홀기(笏記)입니다. 홀기란 의식의 절차를 적어놓은 것으로 오늘날의 식순이라 생각하면 쉽습니다. 또한 홀기는 한문본과 한글본이 있으며 왕실용과 실무용을 각각 별도로 제작합니다.

한글 홀기의 서사자에 대해서는 지금까지 명확하게 알려진 바는 없으나 의궤 등의 문헌을 통해 유추가 가능합니다. 『복온공주가례등록(福溫公主嘉禮謄錄)』(1830)을 보면 "한글 의주와 홀기를 쓸 사자관 5명을 부르라."라는 기록이 있습니다.[112]

특히 한자 의주와 한글 의주를 쓸 사자관을 따로 구분해 인원을 다르게 책정하고 있기도 합니다. 즉 한자 의주는 10명, 한글 의주는 5명의 사자관이 맡아서 쓰도록 아예 공문서로 지정하고 있는 것이죠.

매우 특별하다고 할 수 있겠습니다.

또한 『가례도감의궤([英祖貞純王后]嘉禮都監儀軌)』(1759)와 『혜경궁진찬소의궤(惠慶宮進饌所儀軌)』(1809), 『경빈가례시가례청등록(慶嬪嘉禮時嘉禮廳謄錄)』(1847)에는 각각 6명[113], 5명[114], 8명[115]의 사자관이 진언서(眞諺書), 즉 진서(眞書:한문) 의주와 한글 의주, 한글 홀기의 서사를 맡는다고 되어 있습니다. 이로 미루어 볼 때 조선 후기 한글 의주와 홀기의 서사는 사자관이 담당하고 있었다는 사실을 알 수 있습니다. 〈육상궁묘현의〉 역시 의주를 적은 홀기라는 점을 상기해 보면 당연히 사자관이 서사를 담당했을 것입니다.

〈육상궁묘현의〉는 정제된 궁체 정자로 서사되어 있는데, 지밀내인들이 쓴 궁체 자형과 확연히 다른 특징을 보이고 있습니다. 우선 받침 'ㄹ'의 형태가 한자의 '已, 巳'와 같은 형태로 'ㄹ'의 마지막 세 번째 획이 두 번째 획의 위쪽에서부터 시작하고 있습니다. 한자 쓰기법에서 비롯된 것으로 추정되며, 주로 관료서체에서 많이 보이는 형태입니다.

또 'ㅇ'의 경우 정자임에도 불구하고 꼭지 'ㆁ'을 사용하는 독특한 특징을 보이고 있으며, 그 크기가 눈에 띌 정도로 크게 형성되어 있습니다. 그리고 '젼, 졍, 쳔'의 초성 'ㅈ, ㅊ'을 정자로 쓰기는 했지만 흘림 자형의 형태를 취하고 있는데, 그 생김새가 관리들의 궁체에서 공통적으로 나타나는 형태입니다. 자형의 구조 역시 지밀내인의 궁체 비율과 달리 가로 폭이 넓게 형성되어 있어 지밀내인이 서사한 것으로 보기 힘듭니다. 〈육상궁묘현의〉를 사자관이 쓴 궁체로 추정할

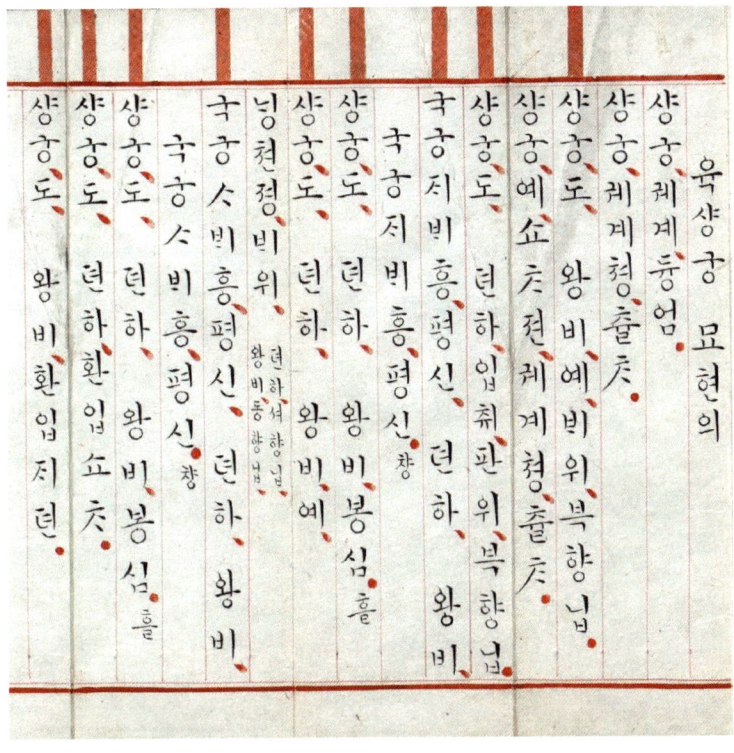

〈육상궁묘현의〉
장서각 소장

수밖에 없는 또 다른 이유입니다.

특히 이와 같은 자형의 특징들은 〈통명전야진찬홀기〉(1877, K2-2492), 〈동뢰홀기〉(1882, K2-2637), 〈선원전묘현례홀기〉(1897, K2-2457) 등 현전하는 대부분의 홀기에서 볼 수 있습니다. 따라서 조선 후기 왕실에 올리는 한글 홀기와 의주는 모두 사자관이 서사했다고 봐도 무방할 것으로 생각됩니다.

왕실의 홀기와 의주 외에도 영조 때의 어제훈서류 언해본 가운데 『어제경세문답언해』, 『어제경세문답속록언해』, 『어제조훈언해』, 『어제언문』은 사자관이 쓴 것으로 추정됩니다. 우선 사자관들의 주 임무가 외교문서 작성은 물론 어제(御製)나 어첩(御牒), 어람(御覽) 등을 서사하는 것입니다. 그런데 열거한 문헌들 모두 영조가 친히 지은(御製) 책들입니다. 또한 이들 문헌에서 보이는 궁체 자형과 운필법이 극도로 정제되어 있어 서사관들이 쓴 궁체와 많은 차이를 보입니다. 또 당시 지밀내인들의 궁체 자형과도 많이 다릅니다. 이로 미루어 보면 『어제경세문답언해』나 『어제경세문답속록언해』, 『어제조훈언해』, 『어제언문』은 사자관이 필사를 담당했을 가능성이 높다고 할 수 있겠습니다.

지금부터는 서사관의 궁체에 대해 살펴보도록 할 텐데요. 서사관의 궁체에 대해서는 이미 앞 장에서 많은 부분을 이야기하였으므로 여기서는 간략하게 이야기하도록 하겠습니다.

서사관이 쓴 궁체 문헌으로는 서사관의 이름이 밝혀진 『천의소감언해』를 비롯해 『어제속자성편언해』, 『정리의궤』, 『자경전진작정례의궤』, 『정미가례시일기』 등을 들 수 있습니다. 이 문헌들은 주로 궁체 흘림으로 서사되어 있는데 각 문헌들 마다 자형이 제각각 다르며, 같은 문헌이라 하더라도 본문의 자형들이 서로 다릅니다. 이는 다수의 서사관들이 필사에 참여했기 때문에 나타나는 현상입니다.

그리고 각 문헌들에 나타난 궁체들을 볼 때, 기록과 전달이라는 목적에 더 큰 초점이 맞춰져 있는 것처럼 보입니다. 미적인 요소들은 물론 글씨에서 풍기는 여운이나 감흥이 그리 크지 않기에 그렇습니다. 당시 지밀내인들의 궁체가 정교하지만 예술적 감성과 미적 표현이 표출되는 방향으로 발전해 궁체의 황금기를 열었던 것과 크게 비교됩니다.

그러면 서사관의 궁체와 지밀내인들의 궁체가 이처럼 다르게 발전한 이유는 뭘까요? 여러 이유가 있겠지만, 가장 큰 이유는 서사관들의 원래 임무가 궁체를 쓰는 것이 아니었기 때문일 것입니다. 특정 행사 등의 기록을 위해 임시로 차출되는 서사관들은 예술로 승화 시킬 정도의 궁체 서사 능력이 필요치 않았을 겁니다. 서사관들이 주로 이속(吏屬)에서 차출된 점을 보면 그렇습니다. 또 서사관으로 차출되어 정해진 시간 내에 빨리 서사를 완성해야 하는 제한된 환경도 영향을 미쳤을 것으로 생각됩니다.

반면, 지밀내인들은 궁체 쓰기가 필수 업무 중 하나였으므로 출발부터 서사관과 다르다고 할 수 있습니다. 또 지밀내인들은 어려서부터 엄격한 통제 아래 궁체를 배우고 또 오랜 시간 고된 연습과정을 거쳐야 했으므로 가독성이나 미적인 부분에서 기본적인 차이를 보일 수밖에 없습니다. 이 때문에 서사관의 궁체와는 완성도는 물론 예술적인 면에서 큰 차이가 날 수밖에 없는 것이죠. 게다가 지밀내인들은 품계가 높아지면 왕후의 편지 등을 직접 대필해야 하는 상황을 맞이하게 되므로 한시도 궁체 쓰기를 허투루 할 수 없었을 것입니다. 결국 이와 같은 여러 요인들이 서사관의 궁체와 지밀내인들의 궁체가 서로 다른 방향으로 전개된 주요 원인이라고 할 수 있겠습니다.

〈선원전묘현례홀기〉　　　　『어제경세문답속록언해』

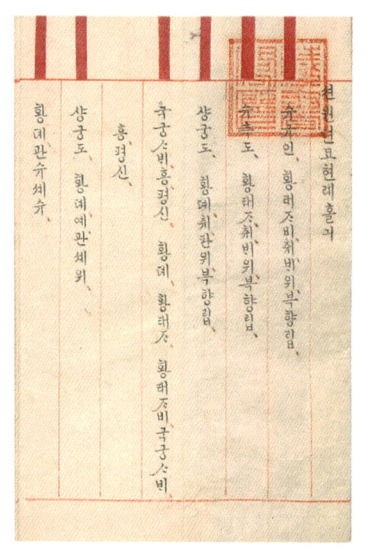

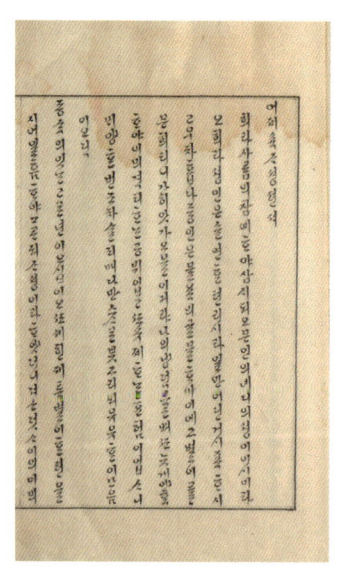

『어제속자성편언해』　　　　『어제언문』

장서각 소장

현재도 조선시대 궁체로 필사된 문헌들 대다수는 서사자나 서사 주체가 누구인지 모릅니다. 이 까닭에 모든 가능성을 열어 두고 연구를 진행할 수밖에 없습니다. 그러다 보니 많은 어려움과 혼란이 뒤따르고 있습니다. 앞으로 서사 주체별 궁체에 대한 비교 연구, 즉 사자관과 서사관 그리고 지밀내인의 궁체를 비교해 각각의 특징과 차이를 분석하는 연구가 활발히 진행되었으면 좋겠습니다. 그러면 궁체 문헌들을 서사한 서사 주체 정도는 파악해 볼 수 있지 않을까 싶습니다. 희망해 봅니다.

국립중앙박물관에 소장되어 있는 외규장각 의궤 중 「보사녹훈도감의궤(保社錄勳都監儀軌)」(1682년)가 있습니다. 이 의궤의 본문 중에는 짧지만 한글로 서사된 부분(庚申八月初十日 條)이 존재합니다.

한글 서체는 관료서체로 한 칸에 두 줄씩 서사되어 있는데, 이 때문에 글자 폭이 좁고 세로로 긴 자형으로 설계되어 있습니다. 자형의 특징을 살펴보면 받침 'ㅇ'의 크기가 크며, 세로획 돋을머리는 형성되어 있으나 획이 마무리되는 수필 부분은 왼뽑음이 아니라 뭉툭한 형태로 매조지 되어 있습니다. 또 받침 'ㄴ, ㄹ'이 음운체계의 조형방식으로 되어 있어 관료서체의 특징을 잘 보여주고 있기도 합니다.

특히 가로획의 경우 맺음을 강하게 누르면서 형성시키고 있어 본문에서 보이는 한자 가로획과의 긴밀한 연관성을 볼 수 있으며, 글자의 가로 세로 줄을 정확하게 맞추고 있어 본문의 서사 형식을 그대로 따르고 있는 것을 볼 수 있습니다. 이러한 점들을 고려해 볼 때 본문을 서사한 사자관이 한글도 같이 서사했다고 할 수 있겠습니다.

그리고 본문에서 서사관들이 쓴 의궤의 글씨에서 미적인 요소들이나 글씨에 대한 감흥이 그리 크게 와 닿지 않는다고 했지만 「정리의궤」 만큼은 예외로 해야 될 것 같습니다. 「정리의궤」에서 볼 수 있는 몇몇 자형들은 정교하면서 예술적 감성과 미적 표현을 잘 드러내고 있기 때문입니다. 특히 운필에서 나오는 획의 유려한 표현 등은 깜작 놀랄 정도입니다. 「정리의궤」의 서체와 자형에 대한 연구가 하루 속히 이루어져 제대로 된 평가를 받는 날이 오기를 기대해 봅니다.

29. 돋을머리와 왼뽑음은 언제부터 생겼을까?

예전부터 궁체를 쓰다가 문득문득 '이 획은 왜 이렇게 생겼을까?, 어째서 이런 모양이지? 거참 알 수 없는 노릇이네'라며 혼잣말을 되뇌고는 했습니다. 획의 형태가 특이하거나 그 형태를 따라 쓰기 어려울 때 불평삼아 내뱉던 말이었습니다. 당시는 궁체 쓰기에 바쁜 나머지 획의 형태가 왜 이렇게 만들어지게 되었는지 생각할 겨를이 없었습니다. 그런데 근래 들어 궁금증이 갑자기 폭발하기 시작했습니다. "도대체 왜?"

궁체의 기본이 되는 세로획('ㅣ'모음)은 돋을머리와 기둥, 왼뽑음으로 이루어져 있습니다. 그 중 왼뽑음은 궁체의 대표적 특징이기도 할 뿐더러 쓰기도 매우 어렵습니다. 궁체를 처음 배울 때 초보자들이 가장 힘들어하는 획이기도 합니다. 그렇다면 이토록 쓰기 어려운 세로획의 형태는 언제부터 사용되기 시작한 걸까요?

한글 창제 초기의 자형들을 보면 'ㅇ'을 제외하고는 모두 직선으로 되어 있습니다. 획 두께의 변화 역시 찾아 볼 수 없습니다. 마치 자를 대고 그린 듯 일정합니다. 이 때문에 쓴 것이 아니라 도안(圖案)되었다고 말하기도 합니다. 우리가 잘 아는 『훈민정음』이나 『용비어천가』의 자형을 떠올려 보면 쉽게 이해할 수 있습니다.

이후 한글 자형은 『홍무정운역훈』(1455)에서 획기적인 변화를 보입니다. 세로획에서는 돋을머리와 기둥, 왼뽑음이, 가로획에서는 들머리와 보, 맺음이 현전하는 한글 문헌 사상 최초로 등장한 것입니다. 쉽게 말해 붓으로 써야만 나올 수 있는 획의 형태들이 세상에 처음으로 나타난 것입니다.

새롭게 등장한 필사 형태의 획들은 한글 자형의 전반적인 구조와 형태에 큰 영향을 미치게 되었습니다. 기존에는 전혀 볼 수 없었던 획의 각도와 획 두께의 변화가 그동안 정적이기만 했던 자형을 동적인 자형으로 완전히 탈바꿈 시켜 놓은 것입니다. 한글 자형의 변천 과정 중 가장 극적이면서 중대한 사건으로, 한글 자형에 일대 변혁을 가져왔다고 해도 과언이 아닙니다.

이렇듯 혁신적인 변화를 가져온 『홍무정운역훈』의 획형들, 그 중에서도 돋을머리와 왼뽑음은 변화의 초기 단계인 만큼 그 형태가 일관적이지 않고 자형에 따라 크기나 각도, 형태 등이 다양하게 나타납니다. 아직 정형화의 단계로 까지 나아가지는 못한 것이죠. 하지만 돋을머리와 왼뽑음으로 이루어지는 세로획의 체계가 이 시기에 확립되었다는 사실만큼은 분명해 보입니다.

이후 「훈민정음언해본」(1459)에서는 훨씬 더 정돈되고 정형화된 세로획을 볼 수 있습니다.[116] 돋을머리는 크기와 각도가 일정하게 형성되어 있어 정형화가 많이 진행된 상태임을 알 수 있으며, 왼뽑음 역시 한결 안정적입니다. 다만 붓끝을 유려하게 뽑아내는 오늘날의 왼뽑음보다 그 형태가 비교적 짧고 도톰한 편이라 다소 투박하다는 인상을 주기도 합니다. 그렇지만 「훈민정음언해본」 자형 전체의 균형과 조화 면에서 바라보면 전혀 이상하다고 생각되지 않습니다. 오히려 주변의 획들과 자연스럽게 녹아들면서 조화를 이루고 있어 어디 한군데 나무랄 데가 없습니다. 그야말로 「훈민정음언해본」에 최적화 된 디자인이라고 할 수 있는 것이죠.

정리하면 세로획의 돋을머리와 왼뽑음은 1455년에 간행된 『홍무정운역훈』에서 그 형태가 최초로 나타나고 있으며, 돋을머리와 왼뽑음으로 이루어지는 세로획의 체계 역시 이 시기에 정립되었다고 할 수 있겠습니다.

그리고 이러한 양상으로 봤을 때 돋을머리와 왼뽑음은 『홍무정운역훈』 이전부터 사용되고 있었을 가능성이 매우 높다고 생각됩니다. 새로운 획형이 어느 한순간에 뚝딱하고 나오는 것이 아닐뿐더러 새로운 획형이 사용되기까지는 어느 정도의 시간이 반드시 필요하기 때문입니다.

그렇다면 『훈민정음』 창제 후 불과 몇 년도 안 되는 사이에 한글 자형에 많은 변화가 일어나고 있었다는 이야기가 됩니다. 어쩌면 한글은 우리가 생각하는 것보다도 훨씬 더 빨리 실용적인 형태의 자형으로 변화했는지도 모르겠습니다.

30. 꼭지 'ㅇ'에서 꼭지는 장식?

현대 궁체 흘림에서 'ㅇ'은 윗글자와 연결 되는 'ㅇ'을 제외하고는 무조건 꼭지 'ㅇ'을 써야 합니다. 더구나 꼭지를 쓸 때는 그 형태와 크기, 각도까지 일정하게 씁니다. "도대체 왜 모두 똑같은 형태로 써야 하죠?"라고 묻기도 애매하고 따지기도 어렵습니다. 현대 궁체에서 일종의 불문율 또는 암묵적 법칙처럼 되어 있기 때문입니다.

이로 인해 궁체 흘림을 처음 배울 때 '꼭지는 'ㅇ'을 치장하는 장식인가?'라는 의문을 품기도 했습니다. 꼭지의 역할을 도대체 알 수가 없었을 뿐더러 알려주는 사람도 없었으니까요. 그리고 꽤 오랜 시간이 흐르고 난 뒤에야 비로소 꼭지가 갖고 있었던 본래의 기능과 역할이 무엇인지 깨닫게 되었습니다. 고전 궁체를 연구하면서 말이죠.

현대 궁체 흘림에서 꼭지 'ㅇ'의 꼭지는 왼쪽으로 약 30° 정도로 기울어진 상태로, 붓을 가볍게 지면(紙面)에 대면서 동시에 붓 허리 쪽에 힘을 주어 누릅니다. 그러면 위쪽은 뾰족하면서 아래쪽은 둥그런 형태의 꼭지가 완성됩니다. 마치 홀쭉한 물방울 같은 형태가 만들어지는 것이죠. 현대 궁체에서는 꼭지가 이와 같이 일정한 각도와 형태로 완전히 고착되어 있습니다.

그런데 고전 궁체의 꼭지 'ㅇ'은 서사자에 따라 각양각색, 천차만별입니다. '그래봤자 꼭지 'ㅇ'이 거기서 거기겠지'라고 생각할 수도 있지만, 꼭지 'ㅇ'의 전체적인 형태는 물론 꼭지의 기울기 각도와 크기, 모양 등 전부 다 제각각입니다. 심지어 같은 서사자라도 쓸 때마다 다른 경우도 많습니다. 하지만 이렇게 다양한 꼭지 'ㅇ'도 대부분 한 가지 만큼은 꼭 지키고자 애쓰는 모습을 볼 수 있습니다. 바로 꼭지 본연의 기능입니다.

그러면 꼭지의 역할이나 용도는 무엇이었을까요?

서예 이론 중에 '필단의연(筆斷意連)'이라는 이론이 있습니다. 필획은 끊어져도 글씨의 흐름이나 기세, 기운 등은 그대로 이어져야 한다는 뜻입니다. 고전 궁체 역시 이 이론을 충실히 따르고 있습니다. 붓 끝의 방향이 흐트러지는 일이 없기 때문입니다. 이는 꼭지 'ㅇ'도 마찬가지입니다.

고전 궁체 흘림에서 꼭지의 방향을 주의 깊게 살펴보면 꼭지가 윗글자의 마지막 획이 끝나는 지점을 향하고 있는 것을 볼 수 있습니다. 이러한 현상은 연대(年代)가 빠를수록 더 뚜렷이 나타납니다. 1600년대 중반 인선왕후 등의 편지에 쓰인 흘림 자형 등이 대표적입니다. 왕후들의 편지에 쓰인 꼭지 'ㅇ'을 보면 꼭지의 방향이 윗글자의 마지막 획과 그 흐름을 이어주기 위해 꼭지의 기필 방향과 각도를 의도적으로 바꾸는 것을 볼 수 있습니다. 이 까닭에 꼭지 방향 자체

『한조삼성기봉』 권12
장서각 소장

가 현대 궁체의 꼭지 방향과 정반대인 경우도 많으며, 꼭지의 각도도 일정하지 않고 다양한 각도를 보입니다. 이와 같은 꼭지의 다양한 각도와 방향성은 1700년대 궁체 흘림에서도 꾸준히 볼 수 있습니다.

오늘날처럼 꼭지의 방향이 왼쪽으로 기울어지는 상태가 주를 이루는 현상은 1800년대 들어서면서부터 시작된 것으로 보입니다. 특히 궁체의 황금기를 지나면서 대부분의 흘림 자형에서 꼭지가 왼쪽으로 기울어져 형성되고 있습니다. 일반화 내지는 보편화되었다고 말할 수 있을 정도입니다.

그럼에도 불구하고 꼭지의 각도만큼은 고정되어 있지 있습니다. 꼭지의 각도가 'ㅇ'의 중심을 기준으로 왼쪽 편에서 다양하게 형성되고 있는데, 이는 윗글자의 흐름을 잇기 위한 서사자의 의지의 표현이라고 할 수 있습니다. 즉 윗글자의 필세와 흐름을 그대로 잇기 위해 의도적으로 꼭지의 방향과 각도를 조정하는 것입니다. 이 과정에서 다양한 각도의 꼭지가 형성되는 것이죠. 다만 1600년대나 1700년대처럼 꼭지가 오른쪽으로 기울어지거나 하는 일은 1800년대 후반, 즉 궁체의 황금기를 지나면서부터는 거의 찾아 볼 수 없습니다.

사실 지금까지 꼭지의 방향과 각도 형성에 대한 추론은 전통 서사법을 근거로 할 수밖에 없었습니다. 그러다보니 설명하기도 쉽지 않을 뿐더러 서예를 모르는 이들은 아예 접근조차 할 수 없었습니다. 이 때문에 개인적으로 많은 고민과 고심을 거듭하고 있었는데, 이를 단숨에 해결할 수 있는 자료를 발견하게 되었습니다. 추론의 한계를 극복할 실질적인 근거를 찾은 것입니다. 바로 『범문정충절언행록』과 『한조삼성기봉』 등의 낙선재본 소설을 통해서 말입니다.

예컨대 『한조삼성기봉』 권12를 보면 본문 중 '연이나'라는 문구가 나오는데 '연'의 마지막 획인 종성 'ㄴ'이 '이'의 초성인 'ㅇ'의 꼭지와 연결선으로 잇고 있습니다. 이것은 'ㅇ'의 꼭지가 획과 획 나아가 글자와 글자를 연결해 주는 역할을 하고 있다는 것을 직접적으로 보여주는 사례입니다. 마찬가지로 『범문정충절언행록』을 보면 'ㅇ'의 꼭지가 윗글자의 마지막 획과 직접 이어져 있는 것을 볼 수 있습니다. 이와 같은 사례를 통해 꼭지 본래의 기능과 용도가 무엇이었는지 한 눈에 파악할 수 있습니다.

만약 낙선재본 소설이 아니었다면 아직도 꼭지의 각도와 방향에 대해 추정, 추론, 유추 등으로만 의견을 피력할 수밖에 없었을지도 모릅니다. 이에 대한 근거는 대지 못한 채 말이죠.

반면, 현대 궁체에서는 원래 꼭지가 갖고 있던 목적과 기능을 상실한 것으로 보입니다. 우선 왼쪽으로 기울어진 꼭지의 기울기와 각도가 고정화되면서 위의 글자와 연결이 쉽지 않은 구조로 고착되었습니다. 또 꼭지의 크기와 두께도 상당히 커졌습니다. 이 때문에 억지로 위 글자와 연결한다 해도 글씨의 흐름이나 기운이 자연스럽게 통한다기 보다는 인위적이나 작위적이라는 느낌을 들게 할 뿐만 아니라 오히려 흐름을 방해하고 있다는 인상을 강하게 받습니다.

오늘날 궁체 작품에서 꼭지가 있는 'ㅇ'을 연결한 작품을 쉽게 볼 수 없는 이유도 현재의 기울기 각도와 크기를 유지한 채 꼭지 'ㅇ'을 연결하는 것이 부자연스럽기 때문이라 할 수 있습니다. 여기에 더해 돋을머리의 크기까지 커지고 길어지면서 꼭지 'ㅇ'과의 연결과 흐름을 방해하는 현상도 일정 부분 영향을 미쳤을 것으로 생각됩니다.

결과적으로 현대 궁체 흘림에서의 꼭지는 시대의 변화에 따라 꼭지의 기능과 역할이 퇴화했고 이에 따라 꼭지 본연의 기능보다는 장식으로서의 역할만 하고 있다고 말할 수 있겠습니다.

고전 궁체에서 꼭지 'ㅇ'은 흘림에만 사용된 것은 아닙니다. 고전 궁체 자료들을 살펴보면 몇몇 자료에서 정자임에 불구하고 꼭지 'ㅇ'이 사용된 예를 찾아 볼 수 있습니다. 대표적으로 인목왕후가 쓴 것으로 전해지는 「술회문(述懷文)」(1619년 추정)과 〈육상궁묘현의(毓祥宮廟見儀)〉(1759년 추정), 「북송연의」를 들 수 있습니다. 하지만 대부분의 정자 문헌들에서는 꼭지가 없는 'ㅇ'이 사용되고 있어 현재로서는 정자에 꼭지 'ㅇ'을 사용한 예는 특수한 사례라고 할 수 있겠습니다.

또한 고전 궁체 흘림에서 꼭지가 없는 'ㅇ'이 사용된 예도 볼 수 있습니다. 「쌍천기봉」 권7과 「양현문직절기」 권23의 자형을 보면 흘림임에도 불구하고 'ㅇ'에 꼭지가 없습니다. 이 역시 일반적인 사례는 아니고 특이한 경우라 할 수 있습니다.

한편 고전 궁체 꼭지 가운데 개인적으로 가장 특이하다고 생각된 꼭지는 꼭지의 기울기 각도가 가로축과 거의 같은 각도로 평평하게 뉘어진 꼭지와 상투 모양을 하고 있는 꼭지입니다. 특히 상투 모양의 꼭지는 보자마자 '이게 무슨 일이야?'라는 소리가 저절로 튀어 나올 정도로 정말로 뜻밖이었습니다.

31. 궁체 정자에 흘림이 숨어있다?
- 윗부리와 아랫부리

　궁체의 윗부리와 아랫부리는 그 형태가 매우 독특합니다. 윗부리는 위쪽이 둥그런 곡선을 갖는 형태고 아래쪽은 평평합니다. 이와 반대로 아랫부리는 위쪽이 평평하고 아래쪽은 둥그렇습니다. 이 모양을 표현해 내려면 붓을 다루는 기술과 함께 필압, 즉 붓을 누르는 힘을 조절하는 능력이 필요합니다. 그만큼 쓰기가 녹록치 않습니다.
　그렇다면 윗부리와 아랫부리의 형태는 왜 이렇게 만들어진 걸까요?
　윗부리와 아랫부리의 모양을 유심히 들여다보고 있으면 자연스럽게 획이 서로 연결되는 느낌을 받을 수 있습니다. 특히 윗부리 아랫부리 모두 기필에서 붓끝을 감추지 않고 바로 지면에 대는 노봉(露鋒)을 사용하고 있으며, 두 획이 시작되는 시작점의 방향도 윗부리는 초성을 향해있으며, 아랫부리는 미세하게 윗부리의 끝나는 점을 향해 있습니다. 곧 초성에서 윗부리로 연결되고 윗부리에서 다시 아랫부리로 붓이 자연스럽게 흘러가고 있는 것입니다.

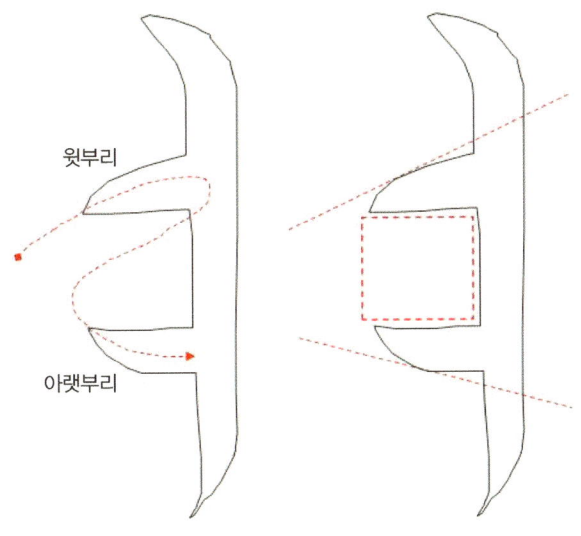

이러한 붓의 흐름과 운용은 본래 흘림에서 사용하는 쓰기법입니다. 이 흘림의 쓰기법이 정자의 쓰기 법에 그대로 차용되어 사용되고 있는 것이죠. 궁체 흘림의 윗부리 아랫부리와 정자의 윗부리 아랫부리가 똑같은 형태를 갖고 있는 것도 이를 뒷받침 합니다.

오늘날과 같은 윗부리 아랫부리의 형태는 어느 한순간에 만들어진 것은 아닙니다. 고전 궁체정자를 살펴보면 1800년 이전까지 여러 형태의 시도가 있었음을 알 수 있습니다. 짧은 가로획 형태로 위아래 두 개의 획을 긋거나, 아니면 기필부분을 뭉툭한 형태로 만들어 긋는 획형 등이 대표적입니다. 결국 윗부리 아랫부리는 1800년대 들어서면서 하나의 형태로 정리된 것으로 보입니다. 즉 오늘날과 같은 형태의 윗부리 아랫부리가 많은 이들의 선택을 받으면서 주류를 이루게 된 것이죠. 최종 승자라 할 수 있겠습니다.

이렇게 다수의 선택을 받은 데는 여러 이유가 있으리라 생각됩니다. 그 이유 가운데 하나는 윗부리 아랫부리의 위치와 구조에서 찾을 수 있습니다. 윗부리와 아랫부리는 한글의 구조상 반드시 초성과 'ㅣ' 모음 사이에 위치하게 됩니다. 이 때문에 윗부리 아랫부리는 항상 글자의 중심에 위치하게 될 수밖에 없습니다. 글자의 중심은 모든 시선이 집중되는 곳이자 글자 완성의 성공과 실패를 결정짓는 첫 관문입니다. 따라서 윗부리와 아랫부리 사이에 불규칙한 공간이 만들어지거나 공간이 일그러지면 전반적인 글자 구조에 악영향을 미치게 됩니다. 한마디로 글씨 쓰기에 실패하게 되는 것이죠.

글씨 쓰기의 실패를 막기 위해서는 안정감을 주는 사각형 공간, 그중에서도 정사각형이나 정사각형에 최대한 가까운 공간이 필요합니다. 어느 쪽으로도 일그러지지 않아 보이는 공간 말입니다. 결국 이 사각형 공간을 위해 윗부리의 아래쪽, 아랫부리의 위쪽을 평평하게 만드는 방법을 고안해 내었고 이 형태가 완성, 정착되면서 오늘날까지 이르게 되었다고 할 수 있습니다.

더불어 이 독특한 형태를 고안해 낸 덕에 허용 가능한 범위 내에서 윗부리와 아랫부리를 최대한 멀리 배치할 수 있게 되었습니다. 윗부리에서 아랫부리 사이의 공간이 좁아지면 글자 전체가 납작하게 눌리는 현상이 발생하는데 이를 방지할 수 있게 됨은 물론 공간의 규칙성까지 확보할 수 있게 된 것이죠. 여러모로 이점이 많은 형태인 것은 분명해 보입니다.

결론적으로 윗부리와 아랫부리는 흘림의 쓰기법에서 차용된 형태로, 획의 흐름을 원활하게 흐르도록 해주는 동시에 획과 획 사이 안정적인 공간을 확보하는데 최적화된 형태로 만들어졌다고 할 수 있겠습니다.

참고로 'ㅑ'의 윗점과 아랫점 사이의 공간도 윗부리와 아랫부리의 공간처럼 사각형 공간을 만듭니다. 아랫부리 윗부리의 조형방법과 같은 방법을 사용하는 것이죠. 다만 점획을 평평하게 만드는 것이 아니라 점획의 각도를 조절한다는 점이 다릅니다. 예를 들어 윗점의 아래 부분이 평행을 유지할 수 있도록 윗점의 각도를 오른쪽 위로 크게 올리며, 아랫점은 이와 반대로 아랫점의 윗부분이 평행을 유지할 수 있도록 오른쪽 아래로 각도를 내립니다. 이와 같은 방법을 통해 윗점과 아랫점 사이의 가운데 공간을 안정적 비율을 갖춘 사각형 형태로 형성시키는 것입니다. 이 방법은 글씨를 잘 써 보이게 만드는 마법 같은 비결로 일상생활의 쓰기에서도 유용하게 사용할 수 있습니다.

주의할 점은 윗점과 아랫점은 서로 팽팽한 긴장감과 균형을 유지하기 위해 두 점의 크기와 무게를 계산해 적절하게 배치해야 한다는 사실입니다. 어느 한쪽이 무겁거나 크기가 과다하게 크게 되면 균형이 무너져 자형 전체에 피해를 주게 됩니다.

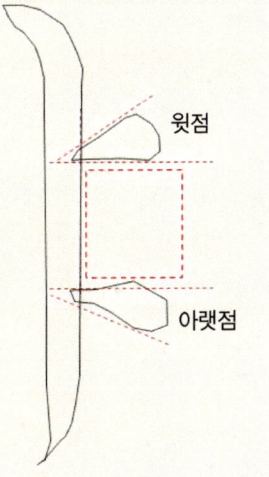

32. 궁체 완성의 숨겨진 비결

동양의 옛 그림에는 눈으로만 봐서는 알 수 없는 비밀을 품고 있는 그림이 많습니다. 이 때문에 그림 속 고사(故事)나 동식물이 상징하는 의미를 풀어주는 책들이 서점에 많이 나와 있습니다. 뿐만 아니라 요즘에는 유명 미술관이나 박물관에서 시행하고 있는 도슨트 프로그램도 인기를 끌고 있다고 합니다. 작품 속 시대 배경이나 숨겨진 장치들을 관객들이 쉽게 이해할 수 있도록 전문가가 작품에 대해 설명하는 것이죠. 이렇게 숨겨진 비밀들을 알고 나면 작품을 이해하는데 도움이 될 뿐만 아니라 작품을 대하는 자세도 달라집니다. 작품 감상의 질이 높아지는 것입니다.

궁체도 마찬가지입니다. 궁체에는 일반에 알려지지 않은 숨겨진 요소들이 많이 있습니다. 이 숨겨진 요소들을 아는 것과 모르는 것은 궁체를 감상하거나 이해하는데 큰 차이가 있습니다. 여기서는 이 가운데 몇 가지만 소개해 볼까 합니다.

먼저 'ㅁ' 입니다. 현대 궁체에서 사용되는 'ㅁ'의 형태는 외형에 따

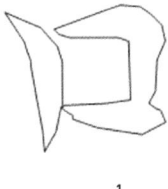 

1　　　　　　　　　2

라 크게 두 가지로 분류할 수 있습니다. 다시 말해 붓을 궁굴리느냐 꺾느냐에 따라 획의 형태가 완전히 다르게 나타나는데, 이 획형의 차이를 가지고 분류하는 것입니다. 그림을 보면 이해가 더 쉬우리라 생각됩니다.

위 그림을 보면 그림1은 두 번째 획을 붓을 궁굴리는 방법(轉)을 사용해 완성한 'ㅁ'입니다. 그림2는 획을 꺾는 방법(折)으로 완성한 'ㅁ'으로, 삼각형 형태를 표시해 둔 곳이 역세를 이용해 붓을 꺾어 넘기거나 세워 넘기는 자리입니다. 붓의 운용방법에 따라 획의 형태가 다르게 나타나는 것을 알 수 있습니다.(참고로 그림1의 궁굴리는 'ㅁ'의 경우 획의 방향이 전환되는 곳의 형태가 바깥쪽은 둥근 곡선의 형태를 보이고 안쪽은 각진 형태입니다. 사실 이런 형태는 붓을 궁굴리는 법만으로는 나올 수 없는 획형으로, 궁굴리는 법과 붓을 세워 넘기는 법이 섞여 있는 상태라고 할 수 있습니다. 이와 같은 붓의 운용방법에 대한 정의는 아직 없는 관계로 여기서는 포괄적인 개념을 적용해 궁굴리는 법으로 표현하였습니다.)

두 'ㅁ'은 외형에서는 서로 다른 점을 보이지만 'ㅁ'을 'ㅁ'으로 인식하게 하는 부분과 완성 시키는 부분, 즉 'ㅁ' 내부의 사각형 공간과 마지막 가상의 기울기를 형성시키는 점은 두 조형 모두 똑같습니다.

우리가 'ㅁ'을 'ㅁ'이라 인식할 수 있는 것은 '검은 획'이 만들어 내는 'ㅁ' 내부의 '흰 사각형 공간'입니다. 이 흰 공간이 모호하게 형성될 경우 'ㅁ'이 아닌 다른 자형으로 인식될 수도 있습니다. 그만큼 사각형 공간을 형성시키는 일은 매우 중요합니다. 이 때문에 한글 서예가들은 궁체를 쓸 때 내부의 흰 공간이 정사각형의 형태와 비슷하게 보이도록 많은 노력을 기울입니다. 정사각형의 형태에서 크게 벗어나게 되면 'ㅁ'뿐만 아니라 자형 전체가 일그러져 실패한 글씨가 되기 때문입니다.

그리고 'ㅁ'에 숨겨진 비밀을 풀어내기 위해 획의 형태에 따라 선을 그어보면 'ㅁ'의 구조가 어떻게 형성되어 있는지 한 눈에 파악할 수 있습니다. 아래 그림 가운데 그림3을 보면 위에서 설명한 것처럼 'ㅁ'의 내부 공간이 정사각형에 가깝다는 것을 알 수 있습니다. 그리고 그림4는 'ㅁ'을 완성시키는 숨겨진 비결을 표시해 놓은 것입니다. 그림4의 점선은 첫 획이 끝나는 곳과 마지막 획이 끝나는 곳을 가상의 선으로 연결한 것으로, 이 가상의 선을 통해 눈에 보이지 않는 기울기가 형성되어 있는 것을 알 수 있습니다.

특히 'ㅁ'의 가장 마지막에 형성되는 이 보이지 않는 기울기는 'ㅁ'의 성공과 실패를 가름합니다. 그 이유는 가상의 기울기가 반드시 우상향으로 형성되어야만 'ㅁ'은 물론 전체적인 자형의 안정된 균형을

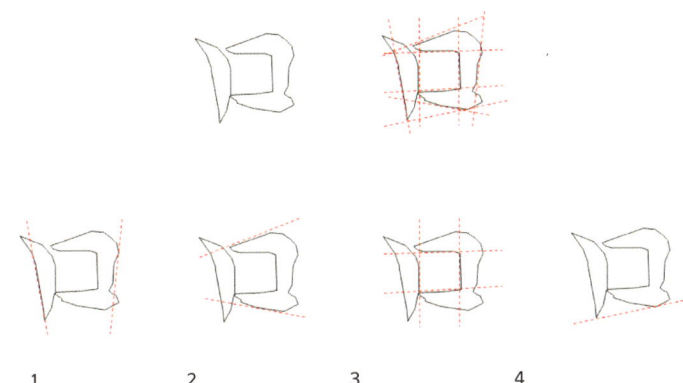

1   2   3   4

얻을 수 있기 때문입니다. 만약 가상의 기울기가 형성되지 않는다면 글자가 오른쪽으로 기울어지는 현상이 발생하게 됩니다. 이러한 까닭에 옛 선조들로부터 오늘날의 서예가들까지 'ㅁ'을 바로 세우기 위해 항상 가상의 기울기를 미리 설계하고 또 이를 그대로 따르려 노력하고 있는 것입니다.

결국 'ㅁ'의 완성은 내부 공간의 사각형 형태와 비율, 그리고 마지막에 형성되는 보이지 않는 기울기에 달려있다고 해도 과언이 아닙니다.

'ㅁ'과 비슷한 형태로 'ㅂ'과 'ㅍ'이 있습니다.

다음 그림을 보면 'ㅂ'의 내부 공간 역시 안정적인 사각형을 형성할 수 있도록 설계되어 있는 것을 볼 수 있습니다. 또한 'ㅂ'도 'ㅁ'과 같이 가상의 기울기를 형성시켜 전체적 균형을 맞추고 있는 것을 볼 수

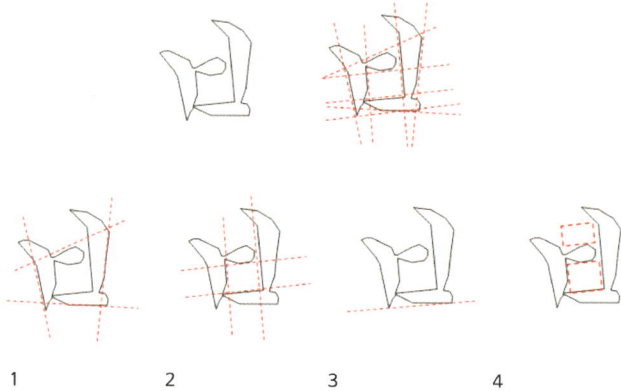

있습니다. 그런데 여기서 한 가지 주의해야 할 사항이 있습니다. 바로 'ㅂ' 내부에 형성되는 두 공간의 크기입니다.

'ㅂ'은 가운데 가로획을 기준으로 위로 열린 공간과 아래로 사방이 막힌 공간이 병존합니다. 이해를 돕기 위해 그림4를 보면 사각형 공간이 위아래로 두 개가 형성되어 있는 것을 볼 수 있습니다. 위가 열린 공간이며 아래가 막힌 공간입니다.

열린 공간과 막힌 공간이 만날 때는 막힌 공간을 더 크게 형성시켜야 합니다. 공간을 균등하게 나눌 경우 막힌 공간이 열린 공간보다 더 작게 보이는 착시현상이 발생하기 때문입니다. 이 때문에 'ㅂ'의 가운데 가로획은 대부분 첫 획이 방향을 전환하는 곳, 그러니까 첫 획의 상단 부분에 위치시킵니다. 그래야만 막힌 공간을 크게 만들 수 있기 때문이죠. 만약 'ㅂ'의 가운데 획이 조금이라도 밑쪽으로 위치할 경우 'ㅂ'이 납작하게 보이거나 밑으로 쳐져 보이게 됩니다. 그렇게 되면 당연히 'ㅂ'의 완성도는 물론 자형 전체의 완성도도 떨어질 수밖에 없습니다.

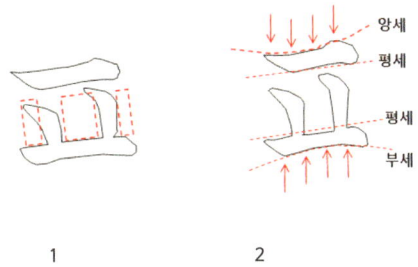

1　　　　2

 'ㅍ'도 마찬가지입니다. 'ㅍ'은 좌우로 열린 공간 2개와 가운데 막힌 공간 이렇게 총 3개의 공간이 형성됩니다. 열린 공간과 막힌 공간이 만났을 때, 막힌 공간을 크게 형성시킨다는 원리에 따라 가운데 공간을 크게 만들어야 합니다. 그래야 넉넉한 품을 가진 'ㅍ'이 완성됩니다.(이 조형원리는 'ㅍ'뿐만 아니라 모음 'ㅓ, ㅏ, ㅔ, ㅐ, ㅗ, ㅠ'에도 해당됩니다.)

 그리고 'ㅍ'은 전통적인 앙세(仰勢)·평세(平勢)·부세(俯勢)라는 조형방법을 사용합니다. 줄여서 앙·평·부라고 부르기도 하는데 서예에서 가장 많이 사용하는 조형방법 가운데 하나입니다. 아래 그림 2번을 보면 위아래 가로획의 외곽선 형태가 바깥쪽은 곡선, 안쪽은 평행을 이루는 직선으로 되어 있는 것을 볼 수 있습니다. 위쪽의 오목한 곡선이 앙세, 직선이 평세, 아래의 볼록한 곡선이 부세입니다. 이 앙·평·부세는 자형을 가운데로 압축시켜 자형이 전체적으로 긴밀하게 보이는 효과를 발휘합니다.

지금까지 살펴본 'ㅁ, ㅂ, ㅍ'의 공간과 기울기 형성 방법, 그리고 앙·평·부세는 궁체 완성의 숨겨진 비결입니다. 궁체 전문가들만 알고 있는 쓰기법인 셈이지요. 그리고 이 비결을 모르면 궁체를 아무리 오래 써도 제대로 된 평가를 받기 어렵습니다.

앞으로 궁체 작품을 감상할 때 위에서 설명한 부분들을 눈여겨 살펴본다면 작품을 이해하는데 조금이나마 보탬이 됨은 물론 작품 수준을 파악하는데 있어서도 일정 부분 도움을 줄 수 있으리라 생각합니다.

에필로그(epilogue)

1. 고정 관념으로부터의 탈출

궁체 연구 초창기 무렵이었습니다. 이전 책을 쓰면서 궁체 관련 지식이 턱없이 부족했음을 절실히 느꼈던 터라 처음부터 모든 것을 새로 시작한다는 마음으로 연구에 몰입하고 있었습니다. 그런데 낙선재본 소설들의 궁체를 대하면 대할수록 굳건했던 마음이 흔들리기 시작하더니, 어느 순간부터는 속절없이 무너져 내리고 있었습니다. 지금까지 알고 있던 궁체와 전혀 다른 세계가 펼쳐지고 있었기 때문입니다. 어디서부터, 무엇이, 어떻게 잘 못 되었는지 도무지 알 수가 없었습니다.

연구에 진척은 없이 반년이라는 시간이 훌쩍 지나고, 쳇바퀴 돌 듯 다시 제자리로 돌아오는 과정이 계속 반복되면서 몸과 마음이 점점 지쳐 가고 있었을 무렵, 그때서야 비로소 한 가지 사실을 깨달을 수 있었습니다. 머릿속에 남아있는 이전의 알량한 지식이 있는 그대로의 사실조차 보지 못하도록 눈을 가리고 있었다는 것을 말이죠. 처음부터 새로 시작한다고 했지만, 실제로는 고정관념에서 한 발자국도 벗어나지 못하고 있었던 것입니다. 지금 생각해 보면 그 당시 새로운 사실을 받아들일 준비가 전혀 안되어 있었을 뿐만 아니라 스스로를 틀 안에 가둬 놓고 한 발자국도 나갈 생각이 없었던 상태였던 것 같습니다.

이후 4년이라는 시간이 흐른 지금, 그동안 정말로 알고 싶었고 궁금했던 궁체와 관련된 여러 사항들에 대해 어느 정도 궁금증을 해소할 수 있게 되었습니다. 서기 관련 문헌 발굴을 통해 서기와 관련된 새로운 사실을 파악할 수 있었으며, 지밀내인들의 서사계열 형성과 궁체 자형의 비교 분석을 통해 낙선재본 소설의 필사시기의 추정이 가능하다는 점, 그리고 고전 궁체 자형의 다양성은 물론 정자가 시기별 두 가지 형태로 분류할 수 있다는 사실을 검증하는 등 그동안 몰랐던 많은 사실들을 새롭게 알아 낼 수 있었습니다.

특히 한글 의주와 홀기, 의궤 등에 나타난 사자관과 서사관의 궁체를 확인하고 밝힐 수 있었던 점은 나름 의미가 크다고 생각합니다. 궁체가 내인뿐만 아니라 궁중의 관리들도 상당히 많이 사용하고 있었던 서체라는 것을 분명하고 확실하게 보여주었기 때문입니다. 이는 기존에 알려져 있는 궁체의 관념과 반대되는 사항이기도 하므로 이 부분은 반드시 되새겨 볼 필요가 있다고 생각합니다.

궁체 연구에 한창 빠져 있을 때, 생업은 내팽개치다시피 하고 궁체만 파고드는 모습이 주변에서는 신기하기도 하고 또 안타깝기도 했나 봅니다. 도대체 왜 그렇게 궁체에 집착하느냐는 질문을 많이 받았습니다. 그때마다 대답은 늘 같았습니다. "아무도 안해서요."

이 책을 통해 궁체에 대한 새로운 시각을 가졌으면 합니다. 더 이상 내인과 궁체를 유교적 관념으로 엮어 신성시하거나 미화하는 등의 불필요한 일은 없었으면 좋겠습니다. 사실은 사실대로, 보이면 보이는 대로, 있는 그대로 편견 없이 받아들였으면 하는 마음입니다. 꼭 그렇게 되기를 바라마지 않습니다.

2. 참 좋은데, 설명이 조금 아쉽습니다

얼마 전 한글 서예가 '국가무형유산'으로 지정되었음을 국가유산청이 공식적으로 발표했습니다. 이 뉴스는 각 언론사를 통해 대대적으로 소개되었는데, 덕분에 지인들에게서까지 전화가 왔으니 서예와 관계없는 분들에게도 한글 서예의 국가무형유산 지정은 꽤나 신선한 소식이었나 봅니다.

한글 서예를 연구하고 있는 입장에서도 한글 서예의 중요성을 국가에서 공식적으로 인정했다는 점에서 그 의미가 남다르게 다가옵니다. 혹시나 한글 서예 연구가 활성화 되거나 활발해지지 않을까 하는 기대감과 희망을 품을 수 있기 때문입니다. 다만 이번 발표에서 한 가지 아쉬운 점은 국가유산청에서 내놓은 궁체에 대한 설명입니다.

국가유산청 공식 블로그를 보면 궁체에 대해 "궁중에서 서사(書寫) 상궁들이 붓으로 서사할 때 사용한 서체"(예비지정, 2024.11.26.)라거나 "상궁들이 쓴 궁체"(신규 지정, 2025.1.23)라고 설명을 하고 있습니다. 그리고 이러한 내용은 다시 각종 언론을 통해 널리 전파되었습니다. 아마도 보도 자료로 각 언론사에 배포된 것으로 보입니다.

그런데 궁체에 대해 국가유산청이 내놓은 설명이 틀렸다고는 할 수 없지만, 그렇다고 해서 정확한 것도 아닙니다. 쉽게 말해 반은 맞고 반은 틀린 것입니다. 더 중요한 사실은 대중들이 궁체를 오해하게끔 하는데 딱 좋은 표현이라는 점입니다.

궁체는 앞에서 누누이 설명했듯이 지밀내인들 뿐만 아니라 궁중의 관리나 왕실 등 다양한 계층에서 사용하면서 발전한 서체입니다. 위 표현대로라면 궁체는 상궁들만 사용한 것으로 오해하기에 충분합니다. 가뜩이나 궁체에 대한 편견과 오해, 그리고 오류가 많은 상황에서 이 내용이 국가 기관과 언론을 통해 널리 퍼졌으니 참으로 난감할 따름입니다. 궁체 연구가 빨리 진행되고 또 널리 알려져서 내용이 바로 잡히길 바랄 뿐입니다.

3. 앞으로 궁체 연구에 도움이 되었으면 합니다

지금까지 한글 서예 연구에서는 수렴청정 시기에 많은 한글 공문서와 편지 등을 사용하면서 궁체가 형성·발전되었다고 주장하고 있습니다. 최근 연구도 마찬가지입니다. 이로 볼 때 이 주장은 이미 정설로 굳어진 것처럼 보입니다. 하지만 이 책에서는 기존의 연구가 역사적 사실과 다르며, 잘못된 주장이라고 힘주어 이야기하고 있습니다. 그 근거로 조선 전기 수렴청정 시기에 왕후들의 한글 사용 기록이 1건에 불과하다는 사실을 제시하고 있기도 합니다.

『조선왕조실록』 속 왕후의 한글 사용 기사 분석은 한글 서예 연구에 있어 빼놓을 수 없는 매우 중요한 부분입니다. 반드시 선행되어야만 하는 필수 연구이자 기초 연구인 것이죠. 그런데 이상한 점은 조선 전기 왕후의 한글 사용에 관련된 언급은 한글 서예 관련 단행본이나 연구 결과물에서 빠지지 않고 등장하고 있는데 반해, 정작 『조선왕조실록』의 기사를 직접 인용하고 있는 연구물은 거의 없다는 것입니다. 게다가 『조선왕조실록』에 기록된 왕후의 한글 사용 기사를 시대별로 빠짐없이 정리·분석해 놓은 연구 역시 찾기 힘듭니다.

더 특이한 사실은 기존 연구들에서 보이는 왕후들의 한글 사용 부분의 서술들이 마치 약속이라도 한 듯 대동소이하다는 것입니다. 『조선왕조실록』을 분석해 보면 기존의 연구와 다른 점을 발견할 수 있을 뿐더러, 새로운 내용이나 눈이 번쩍 뜨일 만한 기사들이 분명히 있는데도 말입니다.

이것은 연구자들이 별다른 분석이나 검증 없이 기존 연구를 자신의 연구물에 기계적으로 반복 인용하면서 나타나는 현상으로 보입니다. 특히 기계적 반복 인용이 장기간 이어져 오면서 연구자들 스스로가 자체적인 분석이나 검증의 필요성을 아예 느끼지 못하는 상황에 이른 것이 아닐까 싶습니다. 또 근거 없는 주장이 한 번의 검증도 거치지 않은 채 아무렇지 않게 통용되고, 후학들이 이를 맹목적으로 추종하는 일이 지속되는 오늘의 상황도 결코 이와 무관치 않다고 생각합니다.

이와 같은 연구 행태는 심각한 부작용이 발생할 수밖에 없는 구조적 결함을 갖고 있습니다. 왜냐하면 선행 연구가 조금만 잘 못되어도 오류가 오류를 낳는 최악의 결과로 이어질 수 있기 때문입니다. 더불어 어느 한순간에 자신의 연구가 부정되는 아찔한 상황을 맞이하게 될 수도 있습니다. 힘들여 한 연구가 언제 부정당할지 모르는 위험에 항시 노출되어 있는 것이죠. 만약 중간에 한번쯤이라도 『조선왕조실록』의 한글 관련 기사를 검증하거나 자체적인 분석이 있었더라면 지금과 같은 상황은 오지 않았을 것이라는 생각이 듭니다.

결국 『조선왕조실록』에 보이는 왕후의 한글 사용 기사에 대한 자체 분석 연구나 검증의 유무(有無)가 똑같은 『조선왕조실록』의 기사를 놓고 서로 다른 주장을 펴게 만든 이유라고 할 수 있습니다.

다음 페이지의 표는 조선 전기 『조선왕조실록』에 나타난 왕후의 한글 사용 기사를 모아 만든 것입니다. 한글 서예계에서도 자체적인 분석표 정도는 그래도 하나쯤 있어야 될 것 같아 정리해 놓은 것입니다. 궁체 연구에 조금이나마 도움이 되었으면 합니다.

〈 조선 전기 『조선왕조실록』에 나타난 왕후의 한글 사용 기사 〉

번호	실록	기사	년도	내용	비고
1	세조실록 13권	세조4년 8월 24일 기묘 1번째 기사	1458	중궁(정희왕후)이 언문으로 유배를 청하다.	합1
2	성종실록 4권	성종 1년 3월 9일 무자 2번째 기사	1470	옹주모녀 송사에 세조가 처결한 사유 등을 내전에서 언문으로 적어 알리다.	
3	성종실록 63권	성종 7년 1월 13일 무오 5번째 기사	1476	대왕대비(정희왕후)가 정무에서 물러난다는 뜻을 언문으로 내리다.	수렴청정
4	성종실록 78권	성종 8년 3월 29일 병신 1번째 기사	1477	대왕대비가 중궁을 폐하는 문제를 대신들이 논의토록 언문으로 내리다.	
5	성종실록 105권	성종 10년 6월 5일 경인 4번째 기사	1479	대비(소혜왕후)가 중궁을 폐출한 연유를 대신들에게 언문으로 내리다.	
6	성종실록 117권	성종 11년 5월 30일 기유 5번째 기사	1480	대비가 모든 일이 불사를 좋아하는 자신의 탓이라는 언서를 내리다.	
7	성종실록 142권	성종 13년 6월 10일 정미 4번째 기사	1482	대내에서 나온 언문 편지를 번역케 하다.	
8	성종실록 144권	성종 13년 8월 11일 정미 6번째 기사	1482	대비전(소혜왕후)에서 권경우를 징계하라는 언문 글을 내리다.	
9	성종실록 144권	성종 13년 8월 16일 임자 2번째 기사	1482	삼전(三殿:정희,소혜,안순왕후)이 언문 서간을 조정 대신들에게 내리다.	
10	성종실록 154권	성종 14년 5월 13일 갑진 1번째 기사	1483	양전(兩殿:소혜, 안순왕후)에서 언서로 주상에게 고기반찬을 먹도록 권하다.	
11	성종실록 164권	성종 15년 3월 1일 무자 6번째 기사	1484	양전에서 언문으로 안암사 중창에 대한 사유를 홍문관 신하들에게 답하다.	
12	성종실록 164권	성종 15년 3월 2일 기축 2번째 기사	1484	안암사 중창을 반대하는 양순경의 상소에 양전이 언문으로 답하다.	
13	성종실록 164권	성종 15년 3월 13일 경자 1번째 기사	1484	부제학이 안암사 중창에 대한 상소를 올리자 양전이 언문으로 답하여 홍문관에 보이게 하다.	
14	성종실록 164권	성종 15년 3월 15일 임민 1번째 기사	1484	안암사 중창에 대한 양전의 언문을 대간들을 불러 보이게 하다.	
15	성종실록 271권	성종 23년 11월 21일 무자 4번째 기사	1492	도첩제와 관련해 양전이 내린 언문을 의정부와 홍문관 등의 관원이 논의 하다.	
16	성종실록 271권	성종 23년 11월 25일 임진 3번째기사	1492	도첩제와 관련해 대비의 언간을 대간과 홍문관에게 보이게 하다.	
17	성종실록 272권	성종 23년 12월 2일 무술 5번째 기사	1492	양전이 언문을 내려 도첩제 폐지에 반대하다.	합16

번호	실록	기사	년도	내용	비고
18	연산군일기 2권	연산 1년 1월 2일 병술 3번째 기사	1495	왕대비(정현왕후)가 성종의 효성에 대해 언서를 내리다.	합 1
19	중종실록 46권	중종 17년 12월 15일 정해 6번째 기사	1522	대비(정현왕후)가 대신들에게 상사의 예제대로 해서는 안 된다고 언서를 내리다.	
20	중종실록 58권	중종 22년 4월 14일 경신 3번째 기사	1527	대비(정현왕후)가 작서의 변 범인으로 경빈을 지목하는 글을 언문으로 내려 대신들에게 알리다.	
21	중종실록 69권	중종 25년 8월 23일 경진 2번째 기사	1530	대행왕대비(정현왕후)가 생전의 행적을 적어 놓은 언문을 참고하여 쓴 비망기를 예조에 내려 지문을 짓게 하다.	합 3
22	인종실록 2권	인종 1년 7월 4일 갑자 3번째 기사	1545	중전(인성왕후)이 대행왕의 유교를 언문으로 써서 내리다.	합 1
23	명종실록 1권	명종 즉위년 7월 21일 신사 4번째 기사	1545	왕대비(인성왕후)가 인종의 가언·선행과 유언이 담긴 언서 두 폭을 빈청에 내리다.	
24	명종실록 1권	명종 즉위년 8월 23일 계축 3번째 기사	1545	윤인경 등이 왕대비(인성왕후)에게 윤임의 일을 불편하게 생각하지 말 것을 아뢰자 언문으로 답하다.	
25	명종실록 31권	명종 20년 4월 6일 임신 1번째 기사	1565	대왕대비(문정왕후)가 언서 유교를 내리다.	
26	명종실록 31권	명종 20년 9월 15일 무신 3번째 기사	1565	이양과 윤원형 등의 감형에 대해 중궁전(인순왕후)이 세 차례 언서를 내리다.	
27	명종실록 31권	명종 20년 9월 16일 기유 3번째 기사	1565	이준경 등이 이양·윤원형 등의 감형에 관하여 중전(인순왕후)에게 아뢰자 중전이 언서로 답하다.	
28	명종실록 31권	명종 20년 9월 17일 경술 3번째 기사	1565	윤개 등이 국본에 대하여 논의를 청하자 중전(인순왕후)이 세 차례 언서를 내리다.	
29	명종실록 31권	명종 20년 9월 18일 신해 2번째 기사	1565	영의정 이준경 등이 후사에 관하여 중전(인순왕후)에게 아뢰자 언서로 답하다.	
30	명종실록 31권	명종 20년 9월 19일 임자 2번째 기사	1565	대신 등이 중전(인순왕후)에게 후사에 관하여 아뢰자 중전이 언문을 내리다.	
31	명종실록 34권	명종 22년 3월 12일 정묘 2번째 기사	1567	대비전(인성왕후)에서 언문 의지를 내리다.	
32	명종실록 34권	명종 22년 6월 27일 경술 5번째 기사	1567	승정원이 옥을 열어 죄수를 석방하는 일에 대하여 중전(인순왕후)에게 아뢰자 두 차례 언서를 내리다.	합10

표를 보면 1458년부터 1567년(인순왕후의 수렴청정은 1567년 7월부터 1568년 2월까지로 이 시기의 한글 사용기록은 없음)까지 100년이 넘는 오랜 기간 동안 왕후들의 한글 사용은 32건에 불과하다는 것을 알 수 있습니다.[117] 게다가 표에 나타난 년도를 자세히 살펴보면 어떤 때는 무려 5년, 7년, 11년, 14년, 19년, 26년씩이나 한글이 사용된 예가 보이지 않는 경우도 있습니다. 왕후들이 그 기간 동안 한글로 의지(懿旨)를 내리는 일이 없었던 것입니다.

특히 조선 전기 세 번의 수렴청정이 있었던 시기의 한글 의지는 딱 1건입니다. 정희왕후가 1476년에 정무에서 물러난다는 언문 의지를 내린 것 외에는 한글 의지를 내린 사례를 전혀 찾아볼 수 없는 것이죠. 수렴청정 시기에 왕후들이 내린 많은 한글 공문서를 서사상궁이 서사하면서 궁체가 형성·발전되었다는 주장이 무색합니다.

더군다나 '언지(諺旨) 정치의 극'을 이뤘다는 평가를 받는 문정왕후는 명종 즉위년(수렴청정 시기 포함)부터 명종 20년에 언서유교를 내리기까지 무려 20년 동안이나 한글 사용 기록을 찾아 볼 수 없습니다. '언지 정치의 극'이라는 말이 어떻게 나오게 되었는지 모르겠습니다.

앞으로 『조선왕조실록』의 기사를 근거로 기존 연구에 대한 재논의가 필요하겠습니다. 그렇지 않다면 궁체 연구에 대한 신뢰성은 물론 한글 서예 연구 전반에 걸쳐 문제가 될 소지가 다분해 보입니다. 또 자칫하다가는 지금까지의 연구 성과가 한 순간에 무너질 수도 있다고 생각됩니다. 그 어느 때보다도 연구자들의 노력이 필요한 시기가 아닐까 싶습니다.

*참고로 조선 전기 수렴청정 시기는 다음과 같습니다.
①정희왕후의 수렴청정 : 1469년 11월 28일~1476년 1월 13일
②문정왕후의 수렴청정 : 1545년 7월 7일~1553년 7월 12일
③인순왕후의 수렴청정 : 1567년 7월 4일~1568년 2월 24일

주(註)

1) 정병설, 「조선후기 궁중여성을 둘러싼 몇 가지 쟁점」, 「한글과 박물관」,제3호, 국립한글박물관, 2023, pp.269~270.
2) 'ㅣ'모음의 정렬에 따라 종성 역시 획의 오른쪽 끝 부분을 'ㅣ'모음과 같은 선상에 맞추며, 'ㅣ' 모음이 없는 초성의 경우 초성의 오른쪽 끝을 'ㅣ'모음의 선상에 맞춰야 한다.
3) "自十餘歲畵眉粉面習學女人諺書體善讀稗說聲音如女人矣"(「二旬錄」)
4) "一見之者莫不愛之"(「二旬錄」)
5) "早習宮體書 異凝微有角 舅姑見書喜 諺文女提學"(김균태, 「李鈺의 文學理論과 作品世界의 硏究」, 1991, 창학사, p.68.)
6) 조선시대에서 왕후는 죽은 왕비를 높여 부르는 말로 사용되었는데, 본고에서는 사전적 의미인 임금의 아내라는 뜻으로 사용한다.
7) 이경하, 「15~16세기 왕후의 국문 글쓰기에 관한 문헌적 고찰」, 「한국고전여성문학연구」, 2003. 임혜련, 「조선시대 왕비·대비의 언문교서 작성과 수렴청정시 변화」, 「사학연구」, 한국사학회, 2023.
8) 가장 최근에 발표된 궁체 연구 논문인 박정숙의 「조선 왕실의 한글 문화와 궁체」,(「한글과 박물관」, 국립한글박물관, 2023.)와 이승연의 「조선시대 여성서사자의 계층별 분류와 묵적의 서체특징 연구」(「한국종교」55, 원광대학교종교문제연구소, 2023.)에서도 수렴청정 기간 많은 공문서를 한글로 써 궁체 발전에 근원이 되었다거나 궁체 형태가 완숙되는 결과를 낳게 되었다고 기술하고 있다.
9) 관료서체에 대해서는 이규복, 「조선시대 한글 글꼴의 형성과 변천」, 이서원, 2020, pp.45~48.참조.
10) 이규복, 「낙선재본 소설 서체 연구」, 이서원, 2023, p.55.
11) 궁체 획의 각 부 명칭은 「조선시대 한글 글꼴의 형성과 변천」을 통해 처음 발표되었다.
12) 연면흘림으로 필사된 낙선재본 소설들은 대표적으로 「당진연의」, 「낙천등운」, 「잔당오대연의」, 「대송흥망록」, 「이언총림(명일남뎐)」, 「징세비태록」, 「범문정충절언행록」, 「양현문직절기」, 「벽허담관제언록」, 「엄씨효문청행록」, 「옥난기연」, 「주선전변화」, 「취승루」 등이 있다.
13) 연면흘림이란 흘림을 토대로 한 문장에서 글자와 글자를 이어 쓰는 비율이 60% 이상 되며 연면흘림 특유의 서사법을 사용하는 서체를 말한다.

14) 홍윤표, 「훈민정음체에서 궁체까지」, 『한글서예연구』, 한글서예학회, 2023. p.330.
15) 연면흘림의 자형과 조형방법의 특징에 대한 자세한 사항은 이규복, 「낙선재본 소설 서체 연구」, p.16. 참조.
16) 낙선재본 소설 중 세책본으로 알려진 『양문충의록』(K4-6790)의 경우도 연면흘림으로 필사되어 있다.
17) 예술의 전당, 『조선왕조어필』, 우일출판사, 2002. pp.50~51. 도판참조.
18) 위의 책, p.29. 도판참조.
19) 봉림대군이 병자호란(1636)때 소현세자와 함께 청에 볼모로 잡혀갔을 당시 나이가 이미 18세였으므로 그 이전에 궁에서 한글 서사법을 충분히 체득했을 것으로 추정된다. 그러므로 1641년에 쓴 편지 자형은 이미 어느 정도 완성된 자형이었을 가능성이 크다. 이에 따라 1636년 당시 궁에서도 이러한 자형이 통용되고 있었다고 볼 수 있다. 물론 궁에 있었을 때보다 더 흘려 쓰거나 획을 축약했을 가능성도 배제할 수 없지만, 재위에 오르고 난 이후 효종의 한글 편지 자형을 봤을 때 이전과 큰 차이를 찾아볼 수 없으므로 1636년 이전에 획을 축약하는 방식의 서사법이 형성되어 있었다고 할 수 있다.
20) 이음부는 들머리와 보를 연결해주는 '앞이음부'와 보에서 맺음으로 이어주는 '뒷이음부'가 있다.(이규복, 『획-한글 획 이론』, 활자공간, 2024. p.171.)
21) 본 장에서 쉽게 설명하기 위해 편의상 받침 'ㄴ'만을 이야기하고 있으나 받침 'ㄷ, ㄹ' 또한 'ㄴ'과 똑같이 기준으로 삼을 수 있다.
22) 궁중본 『옥원중회연』은 한국학중앙연구원 장서각 외에도 이화여자대학교 도서관(21권 21책이나 11~13권만 소장), 일중기념사업회(20권 20책으로 2,3,4,6,8권 소장)가 있다.
23) 이규복, 『낙선재본 소설 서체 연구』, pp.401~402. 참조.
24) 이완우, 「장서각소장 한글자료의 필사시기」, 『한글, 소통과 배려의 문자』, 한국학중앙연구원출판부, 2016. p.388.
25) 이규복, 『조선시대 한글 글꼴의 형성과 변천』, p.23.
26) 한국학중앙연구원 디지털장서각 고문서자료관 사이트에 조선시대한글편지를 데이터베이스화하여 공개하고 있다. 왕과 왕후들의 편지 원본은 물론 내용까지도 현대어로 번역되어 도움을 받을 수 있다.(https://archive.aks.ac.kr/letter/letter.do#list.do?itemId=letter&gubun=lettername)
27) 예술의 전당, 『한글서예변천전』, 1991. p.38.
28) "봉서는 대부분 제조상궁이 대필(代筆)했는데 제조상궁이 연로하게 되면 지밀나인 중 글 잘하는 나인이 맡기도 한다."(김명길, 『樂善齋 周邊』, 중앙일보·동양방송, 1977. p.161.)
29) 「女官制度沿革」은 이왕직(李王職)에서 조선과 대한제국의 내명부(內命婦) 관직에 대해 정리한 사본이다.
30) 김용숙, 『조선조궁중풍속연구』, 일지사, 1987. p.38.
31) 김일근, 『이조어필언간집』, 신흥출판사, 1959. p.17.
32) 『조선왕조실록』에 의하면 궁중 내 궁녀의 수는 인조 때 230명이었으나 영조 때에는 600여 명으로 급격히 불어났는데, 왕실의 구성원이 많이 늘어난 때문일 가능성이 높다.
33) "경복궁시절에는 조석으로 봉서문안이 들어왔다고 한다. 부모뿐만 아니라 종질(從姪)까지 봉서를 올렸다니 그 답장을 쓰는데만도 하루 해를 다 보냈을 것이다."(김명길, p.163.)
34) 김용숙, p.63.
35) 조용선, 『봉서』, 다운샘, 1997. 각 편지글 이미지와 해제(解題) 참조.
36) 김일근, p.12.

37) 김용숙, p.8.
38) 조용선, p.17.
39) 서기 이씨의 생애에 대해서는 현재까지 명확하게 알려진 바가 없다. 다만 이름이 '이담월(李淡月)'이며, 1826년생(丙戌生)으로 추정하는 논문(박병천, 「조선조 국문명필 서기이씨의 생애와 글씨의 검증」, 『서예학연구』, 22, 한국서예학회, 2013)이 발표된 적 있으나 이에 대해서는 검증이 필요하다.
40) 조용선, p.21.
41) 『조선조궁중풍속연구』에서도 이와 비슷한 내용이 있으나 서기 이씨를 이내인(李內人)으로 칭하며 발기 전담 내인이라고 특정하고 있는 점이 다르다.(김용숙, p.376.참조)
42) 경선궁(慶善宮), 영친왕궁(英親王宮), 육상궁(毓祥宮) 등의 내인들에게 지급한 의복 관련 물품을 한글로 기록해 놓은 첩이다.
43) 경선궁과 영친왕궁의 내인들에게 지급한 분급(分給)을 한글로 기록해 놓은 첩이다.
44) 순종이 즉위하기까지 왕세자 시기:1875.3.25.~1895.1.12, 왕태자 시기:1895.1.12.~1897.10.12, 황태자 시기 1897.10.12.~1907.7.22로 구분할 수 있는데, 기록으로 볼 때 태자궁은 1895~1907년까지라는 것을 알 수 있다. 다만 〈무술년대전세자궁선자반사발기〉의 경우 장서각 해제에 1898년 발기로 되어 있으나 본문에는 세자궁으로 나오고 있어 제작시기가 분명하지 않다. 혹 세자에서 태자로 존칭이 바뀌는 초기에 혼용했을 가능성을 상정해 볼 수 있다.
45) 고종황제의 후궁으로 영친왕의 어머니. 1900년 8월 순빈(淳嬪), 1901년 10월에 순비(淳妃)로 봉해졌다.
46) "宮內府以淳妃宮號望慶善議定上奏. 允之."(「고종실록」, 고종 38년 10월 5일 3번째 기사)
47) "布達第一百六十九號, 英親王宮所屬田土及文簿로써 慶善宮에 移屬혼 것을 東宮에 還付件. 頒布."(『純宗實錄』, 순종 즉위년 12월 26일 2번째 기사)
48) "書記尙宮 崔致貞 所帶宮殿門定期票押收"(「승녕부일기(承寧府日記)」, 隆熙四年 六月四日)
49) "순종효황제어장주감의궤(純宗孝皇帝御葬主監儀軌)」(K2-2976) 권3 상전(賞典) 접대계(接待係)
50) 『주전과급료지불명세부(主殿課給料支拂明細簿)』(K2-3241)는 1922년 1월부터 1929년 12월까지 이왕직(李王職) 소속 주전과(主殿課)의 급료 지불을 기록한 장부로, 당시 각 처소의 내인들 이름과 노퇴내인(老退內人)의 이름을 볼 수 있다. 서기상궁 최치정 뿐만 아니라 본고에서 서사상궁으로 언급된 천일청, 최장희 상궁의 이름도 확인된다. 특이 사항으로는 1929년 12월 기준 서기상궁 최치정이 매달 25원을 지급받고 있는데 반해, 최장희 상궁은 매달 20원을 받고 있어 급료의 차이를 보이고 있으며, 천일청 상궁은 당시 지밀내인으로 최고 급료인 176원을 받고 있다.
51) 『내전일기(內殿日記)』(K2-268)는 1927년 6월 1일부터 1928년 6월 4일까지 창덕궁 대조전(大造殿)의 지밀상궁과 내인의 이름이 기록된 근무 일기로, 최치정은 대조전 지밀상궁으로 이름이 올라있다. 참고로 『내전일기』는 모두 3종류로 위에서 언급한 일기 외에 1925년(K2-4685) 7월 1일~12월 31일까지의 일기와 1926년(K2-189) 2월 1일~3월 31일까지 기록된 일기가 있다.
52) "이 발기는 진연(進宴)이 있을 때면 몇 두루마리씩 써내야 했다."(김명길, p.164.)
53) 김용숙, p.63.
54) 위의 책, p.376.
55) "提調尙宮 徐熹淳 副提調尙宮 白完圭"(「승녕부일기」, 明治四十三年 十一月三日)

56) 정병설, pp.260~261.
57) 아릿고제조 평혜가 〈1892년 왕세자 중용필강기념내외상격 발기〉에 직책 없이 이름만 기록되어 있는 것으로 미루어 볼 때, 1892년 3월 이후에 작성된 것임을 알 수 있다.
58) 『여관제도연혁』(K2-2032), 디지털장서각, p.6.
59) 발기 뒷면에 "무진십이월주갑탄일내인하오신상격발기"라고 기록되어 있는데, 여기서 무진년은 1868년이 유력하다. 실제로 고종 5년(1868) 12월 6일에 대왕대비의 회갑을 맞아 존호를 올리고 교서를 반포한 기록과 사찬을 내린 기록을 『고종실록』에서 볼 수 있다.
60) '평혜' 역시 〈하사발기〉에서는 대전 '아릿고제조'로 기록되어 있어 1892년 이후 '아릿고제조'로 승격했음을 짐작할 수 있다.
61) 『승녕부일기』에서 제조상궁과 부제조상궁의 명칭이 보이고 있는 일기의 날짜는 다음과 같다. ①隆熙三年 十月十八日 ②隆熙四年 三月二十三日 ③隆熙四年 六月二十二日 ④明治四十三年 九月四日 ⑤明治四十三年 九月二十日 ⑥明治四十三年 十月二十四日 ⑦明治四十三年 十一月三日 ⑧明治四十三年 十一月七日 ⑨明治四十三年, 十二月二十八日 ⑩明治四十四年 二月七日
62) 영친왕이 1907년에 황태자로 책봉되었으니 〈친왕궁의복금침발기〉는 그 이전에 기록된 것으로 보인다.
63) 장서각해제에 1855년에 작성되었다고 나와 있으나 내용 가운데 '동마마'라는 문구가 있으며, 〈을묘해랑발기(乙卯亥囊件記)〉(1915)와 자형이 같은 점 등으로 볼 때 1915년에 작성된 것으로 보인다.
64) 예를 들면 다음과 같다. "정희왕후의 수렴청정을 기점으로 많은 언문 교지가 지밀 서사궁녀에 의해 필사되면서 한글 궁체는 발전하였으며, 문정왕후와 인순왕후의 수렴청정기간을 통하여 더욱 다듬어져서 선조 연간에는 이미 하나의 유형이 고정화되고 더불어 다양한 필체가 병존하였다."(최영희, 「『뎡미가례시일긔』의 서예미학적 연구, 성균관대학교 박사학위논문, 2010, p.91.), "왕후가 수렴청정을 하게 되면서 각종 공문서를 쓸 전문적 필사자가 필요하였는데 이를 담당한 궁녀가 서사 상궁이다. 이들은 많은 언문 교지를 필사했을 뿐 아니라 후기에 와서는 대비, 왕비, 공주 등 왕족들의 편지를 대필하였으며, 또한 궁중의 상전들이 볼 책을 필사하였고, 가족들의 생계를 위하여 소설을 필사하는 경우도 많았다."(박정숙, 「조선의 한글편지」, 다운샘, 2017, p.81.), "수렴청정 시기에 궁체가 교지의 문자로 쓰이면서 궁체의 형태와 필법 및 장법을 고정화하는데 중요한 역할을 하였다."(신현애, 「한글서예 궁체의 개념정의에 관한 고찰」, 『동양예술54』, 한국동양예술학회, 2019, p.163.)
65) 최영희. 「『뎡미가례시일긔』의 서예미학적 연구」, 성균관대학교 박사학위논문, 2010, p.84.
66) 『燕山君日記』, 연산10년 윤4월 5일 을축 1번째 기사. 밑줄 필자.
67) 『成宗實錄』, 성종 10년 6월 5일 경인 4번째 기사.
68) 『明宗實錄』, 명종 20년 9월 17일 경술 3번째 기사.
69) 백두현의 논문(「조선시대 여성의 문자 생활 연구-조선왕조실록 및 한글필사본을 중심으로-」,『진단학보』, 진단학회, 2004, p.160.)에서는 성종에서 명종 시기까지 왕후들의 한글 사용 기록과 독서자로 문자 활동에 참여한 기록이 33건으로 되어 있으나, 독서자로 문자 활동에 참여한 2건을 제외하면 31건이 된다. 실제 『조선왕조실록』의 기록을 검토한 결과 마찬가지로 31건으로 확인된다.
70) 김일근, 『언간의 연구』, 건국대출판부, 1991. p.22.
71) 김명길, p.177.
72) 김용숙, p.38.

73) 위의 책, pp.53~54.
74) 김명길, pp.70~128. 참조.
75) "侍女尙宮이 有하니 宮中至密에 常侍奉仕하니 書籍 등을 管掌하고 或 文을 朗讀하며 書의 淨寫役 등 기타 奏啓의 事를 但任함."(「여관제도연혁」, pp.6~7.)
76) 김용숙, p.38.
77) 김명길, p.136.
78) "宣禧宮은 청운동 舊 盲啞學校 자리에 있었던 暎嬪李氏(思悼世子의 생모)의 사당으로 七宮에 合祀되기까지 존재했었다. 이곳에는 宮體의 名筆內人이 있어 몇 달씩 일부러 글씨를 배우러 가는 內人들이 있었다고 한다."(김용숙, p.12.)
79) 「여관제도연혁」, p.5.
80) 김용숙, p.373.
81) 위의 책, p.12.
82) 이완우, p.388.
83) 『승정원일기(承政院日記)』, 영조 34년 12월 19일. 영조 45년 10월 2일 기사 참조.
84) "이 많은 한글 소설은 할머니 덕온공주가 시집올 때 궁중에서 받아온 책이었다."(최정협, 「여자의 일생 뒤돌아보니 궁중풍습과 고서와 80년」, 『주간여성』, 212호, 한국일보사, 1973, p.86.)
85) 현재는 모두 한국학중앙연구원 장서각에 소장되어 있다.
86) 이규복, 「낙선재본 소설 서체 연구」, p.13.
87) '일용서체'란 궁중에서 사용되고 있지만 관료서체나 궁체와 달리 일정한 형식이나 정형화된 필법을 갖추지 않고 개인의 서사 특성이 그대로 발휘되고 있는 서체를 말하며, '신분이나 장소에 구애 없이 날마다 쓰는 서체, 일상적·보편적으로 누구나 사용하는 서체'의 개념을 갖는다.(위의 책, pp.17~18.)
88) 한자로 된 표지 제목은 『後水滸識』이나 본문 한글 제목은 「후수호전」으로 여기서는 한글 제목을 따랐다.
89) "한국 고전소설 가운데에서도 따로 이름 지어 〈樂善齋本 小說〉이라고 할 때, 우리는 몇 가지를 특징지어 생각하게 된다. 첫째로 그것은 궁체로 쓰여진 작품이라는 것이고, 둘째로 그것은 中長篇 내지는 大長篇이라는 것이다."(김진세, 「낙선재본 소설의 특성」, 『정신문화연구』 44, 한국정신문화연구원, 1991, p.4.)
90) 「임화정연기봉」이 72권에 달하는 대하 장편 소설인 점을 감안하면 다수의 필사자들이 필사에 참여했을 것으로 보인다.
91) 최정협, pp.86~87.
92) 복온공주 역시 하가할 때 많은 한글 소설들을 지참했으나 6.25전란 당시 상당부분 망실되었다고 한다. 따라서 『임화정연기봉』은 복온공주 하가시 지참한 소설을 아닐 것이므로 필사시기를 1830년부터 덕온공주기 하가한 1838년 사이로 추정해 볼 수 있다.
93) 동일 자형 소설의 목록은 이규복, 「낙선재본 소설 서체 연구」, p.33. 참소.
94) 황문환, 임치균, 전경목, 조정아, 황은역 엮음, 「조선시대 한글편지 판독자료집」2, 역락, 2013, p.156.
95) 이규복, 「낙선재본 소설 서체 연구」, p.187. 참조.
96) 한글 편지는 대부분 필사되었으나 간혹 인쇄된 것도 있다고 한다.(박은정, 「명주옥연기합록의 이본과 영남대본의 가치」, 『민족문화논총』,51, 영남대민족문화연구소, 2012, p.111.)
97) 김진세, 「명주옥연기합록고(I)」, 『관악어문연구』12, 서울대학교 국어국문학과, 1987, p.3.

98) 정병설, 「조선시대 소설의 생산과 유통」, 서울대학교출판문화원, 2016, pp.167~168.
99) 영남대학교 민족문화연구소 편, 「명주옥연기합록」(영남대학교 중앙도서관 소장 귀중도서 영인집2), 경인문화사, 2013. p.699.
100) 인조의 잠저(潛邸)로 영조 때에는 별궁의 기능을 하고 있었던 곳.
101) 궁방의 일을 담당하는 직.
102) 조선시대 왕실에 필요한 의복이나 식품 등을 관장한 곳.
103) 홍문관.
104) 서사관들의 직책(차지, 서원, 서사)으로 볼 때 품계에 속하지 않는 이속(吏屬), 즉 주로 행정실무를 담당하는 하급관리들 중에서 서사관을 차출했다는 것을 알 수 있다.
105) 「승정원일기」에 따르면 송규빈의 형은 송규징(宋奎徵)이며, 동생은 송규오임을 알 수 있다.(「승정원일기」 영조 32년 윤 9월 15일 경술기사, 「승정원일기」 영조 34년 3월 18일 갑진기사 참조)
106) 「승정원일기」 영조 34년 3월 18일 갑진기사.
107) 「中宗實錄」 중종19년 2월 28일 계해 1번째 기사에 "친영 의주(親迎儀註)는 두 벌 번역하여 하나는 대내(大內)에 들이고 하나는 빈의 본가에 보내고, 책빈의주(冊嬪儀註)는 한 벌만 번역하여 빈의 집에 보내어, 그 집에서 그 예(禮)를 잘 알게 하라.(親迎儀註 則兩件飜譯 一入于內 一送于嬪本家 冊嬪儀註 則只一件飜譯 而送于嬪家 使彼家詳知其禮也)"라는 기록이 있어 한자본과 한글본을 따로 제작하고 있는 것을 알 수 있다. 따라서 내전에 진상하는 한글본은 중종 이전부터 관례로 정착되었을 가능성이 높다.
108) 한호(韓濩, 호: 석봉(石峯) 1543~1605)
109) "國初無寫字官而文臣中善書者爲之後以文臣善書者鮮少故自宣祖朝無論士庶善書者付軍職冠帶常任李海龍韓濩卽其始也"(「增補文獻備考」221, 承文院條.)
110) 「궁궐현판의 이해」, 고궁현판학술조사연구용역조사보고서, 2006, p.121.
111) 「高宗實錄」, 고종 2년 9월 17일 기묘기사.
112) "嘉禮時各殿宮員入各樣儀笏記正書之役萬分時急今當夜役是如乎善書寫字官十人諺書寫字官五人"(「福溫公主嘉禮謄錄」, 「甘結秩」)
113) 「嘉禮都監儀軌」, 「稟目秩」.
114) 「惠慶宮進饌所儀軌」, 「甘結秩」.
115) 「慶嬪嘉禮時嘉禮廳謄錄」, 「移文秩」.
116) 「훈민정음언해본」이 「훈민정음」 반포 당시 같이 제작되었을 가능성이 높다는 의견에 개인적으로는 동의하지만 제작년도와 서체의 사용은 별개의 사안이다. 그럼에도 이를 동일시 여기는 일각의 주장에 대해서는 동조할 수 없다. 「월인석보」 권두에 실려 있는 「훈민정음언해본」의 서체가 「훈민정음」 반포 당시 사용되었다고 보기 어려울 뿐만 아니라 이를 증명할 근거도 없으며, 또 자방고전이라는 말과도 맞지 않기 때문이다.
117) 왕후의 한글 사용이 다른 해보다 많이 보이는 성종대의 1484년과 1492년을 살펴보면 불교와 관련해 신하들과 대립한 상황에서 나온 의지이며, 명종대의 1565년은 명종의 병세가 악화된 위기의 순간에 명종의 후사와 관련해서 대신과 중전 사이에 언서로 긴급하게 오고간 대화들로 1484년, 1492년, 1565년 모두 며칠사이에 한글 사용 기록이 집중되어 있는 것을 알 수 있다. 이 외에는 수렴청정시기를 포함해 왕후들의 한글 사용 빈도가 매우 적은 것을 볼 수 있다. 그리고 표에서 년도와 일자까지 소상히 밝힌 이유는 연도만 적을 경우 1년이라는 시간의 폭으로 인해 발생하는 자료의 오독과 판단에 오류가 생기는 것을 방지하고, 조금 더 정확하게 비교 분석하기 위함이다.

한글궁체
- 숨겨진 역사를 찾아서

초판 발행 | 2025년 09월 01일

저자 | 이규복
펴낸이 | 고봉석
책임편집 | 윤희경
편집디자인 | 고우정

펴낸곳 | 이서원
주소 | 경기도 성남시 분당구 중앙공원로17, 311-705
전화 | 02-3444-9522
팩스 | 02-6499-1025
이메일 | books2030@naver.com
출판등록 | 2006년 6월 2일 제22-2935호

ISBN | 979-11-89174-42-2

• 잘못된 책은 바꿔드립니다. • 책값은 뒤표지에 있습니다.
ⓒ 이규복(저작권자와 맺은 특약에 따라 검인은 생략합니다)

이 책은 저작권법에 따라 보호받는 저작물이므로 무단전재와 무단복제를 금지하며,
이 책 내용의 전부 또는 일부를 이용하려면 반드시 저작권자와 이서원의 서면동의를 받아야 합니다.